महान हस्तियों के अंतिम पल

महान हस्तियों के अंतिम पल

परिकल्पना एवं प्रस्तुति
सुखेन्दु कुमार

सम्पादन
युगांक धीर

ज्ञान-विज्ञान प्रकाशन
नई दिल्ली-110 002

पुस्तक में दी गई सभी जानकारियों, तथ्यों और विवरणों के प्राथमिक स्रोत की जानकारी लेखक को विदित है। इसकी जिम्मेदारी लेखक की है।

ISBN : 978-93-81863-71-8

मूल्य : ₹ 350

पहला संस्करण : 2018

प्रकाशक : ज्ञान-विज्ञान प्रकाशन
1-बी, नेताजी सुभाष मार्ग, दरियागंज
नई दिल्ली-110 002

पुस्तकें उपलब्ध : अशोक राजपथ, साइंस कॉलेज के सामने, पटना-800 006
पहली मंजिल, दरबारी बिल्डिंग, महात्मा गांधी मार्ग, इलाहाबाद-211 001
36 ए, शेक्सपियर सरणी, कोलकाता-700 017

वेबसाइट : www.rajkamalprakashan.com
ई-मेल : info@rajkamalprakashan.com

मुद्रक : बी.के. ऑफसेट
नवीन शाहदरा, दिल्ली-110 032

MAHAN HASTIYON KE ANTIM PAL
Non fiction by Sukhendu Kumar
Edited by Yugank Dhir

भूमिका

जीवन मनुष्यों को गतिशील बनाता है। मान-सम्मान, लाभ-हानि, यश-अपयश, सुख-दु:ख, पाप-पुण्य, जीवन-मरण जैसी कई प्रक्रियाओं का साक्षी बनता है। यह जीवन-यात्रा गीत, संगीत की स्वर लहरी की परिचायिका है तो बेसुरा-बेमतलब के भी पल से मानव-मन का सामना होता रहता है। आज भौतिकता की होड़ के बीच मानव जाति में एक दूसरे से प्रेम के क्षण भी शाश्वत मिलते हैं तो छल-प्रपंच, विद्वेष, अपमान से भी सामना होता है। आज का मानव बढ़ने की होड़ में मेहनतकश कार्यों से भी गतिशील है तो एक कमी यह भी है कि वह अन्धाधुन्ध अनैतिकता में दूसरों को पीछे छोड़ने, साथ चलनेवाले को गिरा, उसके हृदय-स्थल को वेध आगे बढ़ने में कोई अफसोस नहीं करता।

इसी प्रकार सफलता, असफलता के बीच जो जीवन-यात्रा है, वह आसान नहीं। अविरल भाग-दौड़ में कोई गिरता, उठता, पिछड़ता, लड़खड़ाता भी है तो कोई सँभलकर चलने का अभ्यस्त हो जाता है; तो कोई अवसाद में पिछड़ेपन के लिए काल के साथ भाग्य-दुर्भाग्य के चक्कर में बीतते पल को कोसता रहता है। ऐसी परिस्थितियों में कहीं साथ देनेवाले बान्धव भी मिलते हैं तो कहीं घात लगाकर दुश्चिन्तन से दूसरों के लड़खड़ाते पैरों को देख पीछे से धक्का मारनेवाले भी, जो किसी की आह तक पर संवेदनहीनता की पराकाष्ठा कर देते हैं।

ऐसे में तीव्रता से बीतता काल कब जीवन की तरुणाई छोड़ अपनी यात्रा के अवसान के पास होता है, यह सिर्फ महाकाल ही जानता है। पर काल को निकट देख व्यक्ति कम्पित होता है और अपने अन्त की मार्मिक बेला में क्रन्दन करता है। कभी स्वयं के भीतर झाँकने की कोशिश में कई पड़ाव जीवन-यात्रा में दस्तक देते हैं तो कहीं कहा-सुनी से घिरे परिजन सांत्वना देते मिलते हैं। गीता में शरीर को उत्पन्न और नष्ट होनेवाला कहा गया है (अन्त में दोहा : 2718)। इसी अध्याय में 27वें श्लोक में कहा गया है कि पैदा हुए की जरूर मृत्यु होगी और मरे हुए का जरूर जन्म होगा। अत: जन्म-मरण के परिवर्तन के प्रवाह-निवारण को न मानते हुए शोक से बचने की सलाह दी गई है। इसी अध्याय में यह भी कहा गया है कि शरीर सदा

मृत्यु में रहता है और शरीर सदा अमरता में रहता है। इसलिए दोनों के लिए ही शोक करने का कोई औचित्य नहीं।

आज भौतिक हलचल में मनुष्य, असाध्य कष्टों से निजात पाने की कोशिश कर रहा है। मनुष्य नश्वर जीवन से मोह और मृत्यु से आक्रान्त हो जाता है। पर इस शाश्वत सत्य के शिकार प्रभु-परमेश्वर भी हुए तो सामान्य मानव कैसे इससे बच सकता है, वह जीवन त्यागने के समय भी कालाभूत मोह में फँसा रहता है। कहीं कष्ट के अनुभव वाले ज्यादा संख्या में होते हैं तो सुखद मौत को आलिंगन करनेवाले भी थके जीवन की धीमी गति से चलती अपनी यात्रा को विराम देते हैं। रामायण के अयोध्या कांड के 159वें दोहे में काल पर सुमन्त का कथन है, जहाँ वे कहते हैं कि 'जन्म-मरण, सुख-दुःख के भोग, हानि-लाभ, प्रिय का मिलना-बिछुड़ना—ये सब स्वामी हैं। काल और धर्म के अधीन रात और दिन की तरह सुख और दुःख आते-जाते रहते हैं।' इसी पुस्तक में कहा गया है कि काल स्वयं व्यक्ति के पास नहीं आता, परिस्थितियों में वह मानव को उपयुक्त जगह स्वयं बुलाता है। 'उत्तरकांड' के 44वें दोहे में एक प्रसंग आता है कि यह मनुष्य का शरीर भवसागर से तारने के लिए बेड़ा (जहाज) है। ईश्वर की कृपा ही अनुकूल वायु है। सद्‌गुण इस मजबूत जहाज के कर्णधार हैं। इस प्रकार दुर्लभ साधन सुलभ होकर ईश्वर की कृपा से मानव-प्राणी को प्राप्त हो जाएँ। इसी अध्याय में कहा गया है कि यह मनुष्य शरीर बड़े भाग्य से मिलता है, जो देवताओं को दुर्लभ है। इसे पाकर भी जिसने परलोक न बना लिया, वह दुःख पाता है। वह सिर पीट-पीटकर पछताता है तथा काल एवं कर्म पर मिथ्या दोष लगाता है।

अन्ततः मृत्यु के शाश्वत सत्य एवं अटल ध्रुवतारे को ध्यान में रख मानव अविरल और शनैः-शनैः उस ओर बढ़ता है और यह सुखद माना जाता है। पर कार्य अशेष न हो तब वहीं अकाल बेला की मार्मिकता से नाता जोड़ना उसकी नियति है। दुःख, करुणा, शोक, माया, दुविधा, रिक्तता, असावधानी, चूक जैसे कई पल हमें ग्रसित करते हैं। वहीं यह परिजनों और अन्य के लिए खालीपन का दुःख-भरा एहसास है। ऐसे अप्रासंगिक काल के कपाल पर क्रन्दन और साहस से परगामी शरीर को दुःख पहुँचता है। अतः ऐसे समय इस खालीपन को दूर करने के लिए सतत् हृदय से उस जीवात्मा के अच्छे कार्य को याद करना ही सबसे उत्तम है।

यह पुस्तक कुछ हस्तियों की अन्तिम बेला का यदा-कदा संकलित जिक्र है ताकि हर दुखित मन को एक सांत्वना मिल सके। दुःख की अपार कष्टदायी बेला से प्रत्येक का नाता होना तय है और इसका काल कोई माध्यम बना उसे परलोक की यात्रा पर ले जाता है। ऐसे में प्रसंगतः हर किसी की चर्चा रिक्तता के बाद लम्बे काल तक घर-परिवार कुटुम्ब में चलते रहने की प्रक्रिया होती है। ऐसे में यह पुस्तक सभी प्रसिद्ध लोगों के प्रसंग को पढ़ते, समझते यह मानने को विवश करेगी कि हर

किसी को किसी न किसी प्रकार रुग्णता की ओर धीरे-धीरे चल रही मृत्यु के क्षण परेशान करते हैं।

प्रकाशक को इस पुस्तक हेतु भेजी गई सामग्री में सम्पादकीय स्तर पर कठिन परिश्रम करना पड़ा। इसके लिए वे साधुवाद के पात्र हैं। यह पुस्तक दुःख से निकल पाने में सहयोग देगी तभी इसकी सार्थकता है। कइयों ने इस कार्य को बोझिल, नैराश्य, अवसाद, नकारात्मकता से भरा कहा पर अटल मन ने उन लोगों से भी श्रेष्ठतर बातों को संकलित किया। संकलन में विभिन्न पुस्तकालयों, ग्रन्थों, समाचार-पत्रों से संकलित सामग्री के प्रति अभार जताते हुए इस विषय पर तुलसीदास जी की पंक्ति उद्धृत कर रहा हूँ—'को जग मंदमलिन मातें' अर्थात् जगत में मुझसे बढ़कर मूर्ख और मलिन बुद्धि कौन होगा? लेखन-प्रक्रिया में जिन अज्ञात सन्देशों से यह भाव आया, उन अज्ञात सहायक स्रोतों, तत्त्वों और मनीषियों को श्रद्धा से नमन!

—सुखेन्दु कुमार

अनुक्रम

अकबर

जलालुद्दीन मुहम्मद अकबर ने 1556 से लेकर 1605 ईस्वी में अपनी मृत्यु तक लगभग 50 वर्ष तक भारत पर राज किया और मुगल साम्राज्य की नींव को मजबूत किया।

वे बाबर के पोते और हुमायूँ के बेटे थे। उनके बाद उनके बेटे जहाँगीर, पोते शाहजहाँ और परपोते औरंगजेब ने मुगल सम्राटों की परम्परा को लगभग डेढ़ सौ वर्षों तक जारी रखा।

अकबर को अपने पिता हुमायूँ के असामयिक निधन के कारण सिर्फ 13 वर्ष की उम्र में राज-सिंहासन पर बैठना पड़ा था। उन्हें सभी मुगल सम्राटों में सबसे महान, उदार और सफल शासक माना जाता है।

राजगद्दी पर बैठते ही अकबर को 1556 में पानीपत की दूसरी लड़ाई में हेमू की सेना से टकराना पड़ा, जो अफगान सेना का नेतृत्व कर रहा था और अकबर की कम उम्र का लाभ उठाकर मुगलों के शासन को उखाड़ फेंकना चाहता था।

इस लड़ाई में मुगल सेना के सचमुच ही पाँव उखड़ गए थे। लेकिन अकबर का भाग्य अच्छा था। हेमू एक तीर से घायल होकर गिर पड़ा और मुगलों द्वारा पकड़ लिया गया। उसे बन्दी बनाकर तेरह वर्षीय अकबर के सामने लाया गया तो अपने संरक्षक बैरम खां के निर्देश पर अकबर ने अपनी तलवार से उसका सर काट डाला।

यह अकबर की पहली विजय थी।

वे 18 वर्ष के हुए तो उनके संरक्षक बैरम खां ने ही उनके खिलाफ विद्रोह कर दिया। लेकिन इस बार भी भाग्य ने अकबर का साथ दिया। वे विजयी हुए जबकि बैरम खां को मुँह की खानी पड़ी।

अकबर ने बहुत कम उम्र में ही साबित कर दिया था कि वे धर्म के मामले में बहुत ज्यादा उदार थे। उन्होंने अपना पहला विवाह एक हिन्दू राजकुमारी से किया। इस राजपूत रानी ने ही अगले मुगल सम्राट जहाँगीर को जन्म दिया।

राजपाठ के मामलों में भी अकबर ने धर्म-निरपेक्षता की नीति अपनाई और राजा मानसिंह को अपने साम्राज्य में एक महत्त्वपूर्ण दर्जा दिया। उन्होंने कुछ और राजपूत राजकुमारियों से भी विवाह किए।

इस्लाम में गीत-संगीत को वर्जित माना जाता था। लेकिन अकबर ने इस मामले में भी पहल करते हुए न सिर्फ गीत-संगीत में गहरी दिलचस्पी ली, बल्कि तानसेन और 'बैजू' बबरा जैसे हिन्दू शास्त्रीय नायकों और संगीतकारों को अपने दरबार में महत्त्वपूर्ण स्थान दिया। उनका कहना था कि संगीत इंसान को धर्म से दूर ले जाने की बजाय धर्म और ईश्वर के नजदीक ले आता है।

मात्र बीस वर्ष की उम्र में, 1563 में, अकबर ने हिन्दू तीर्थ-स्थलों पर लगाया जाने वाला तीर्थकर हटा दिया। अगले वर्ष उन्होंने हिन्दुओं पर लगाया जाने वाला 'जजिया' (एक तरह का धार्मिक कर) भी हटा दिया तो वे हिन्दुओं और मुसलमानों दोनों के ही प्रिय शासक बन गए।

लेकिन हिन्दू और मुस्लिम संस्कृतियों को मिलाकर एक नई हिन्दुस्तानी संस्कृति की नींव रखने के बावजूद अकबर को अपने साम्राज्य का विस्तार करने के लिए कई हिन्दू राजाओं से भीषण लड़ाइयाँ लड़नी पड़ीं। इनमें मेवाड़ के राजपूतों और खासकर महाराणा प्रताप के साथ उनका टकराव इतिहास में सबसे ज्यादा प्रसिद्ध है।

अकबर को एक आदर्श शासक के रूप में देखा जाता है। उन्होंने सामाजिक बुराइयों को दूर करने और समाज में सुधार लाने के लिए कई महत्त्वपूर्ण कदम उठाए। उन्होंने दास-प्रथा, सती-प्रथा, बाल-विवाह इत्यादि पर रोक लगा दी, जबकि विधवा-विवाह को प्रोत्साहन दिया। उन्होंने वेश्यावृत्ति और भीख माँगने जैसी सामाजिक बुराइयों को भी दूर करने की कोशिश की। इसके अलावा उन्होंने सड़कों के किनारे सरायों का निर्माण करवाने, पेड़ लगवाने और दवाखाने खुलवाने पर जोर दिया। इतना ही नहीं, उन्होंने पशु-पक्षियों की रक्षा के लिए भी कदम उठाए और साधू-फकीरों, दीन-दुखियों, विकलांगों, बूढ़ों, अनाथों और विधवाओं की मदद के लिए दान-विभागों की स्थापना की।

हिन्दुओं के साथ कोई भेदभाव न करने और धार्मिक मामलों में उदारवादी होने के कारण कुछ कट्टरपन्थी मुसलमान अकबर से नाराज रहने लगे थे। उनके आखिरी दिनों में कुछ लोग उन्हें 'काफिर' भी कहने लगे थे। इसका एक कारण यह था कि अकबर ने एक नए धर्म 'दीन-इलाही' की शुरुआत की थी, जिसमें सभी धर्मों की अच्छी बातें शामिल करने की कोशिश की गई थी।

सच्चाई यह थी कि अकबर 'काफिर' न होकर हर समय ईश्वर के बारे में ही सोचते रहते थे। यही कारण था कि एक नए धर्म की शुरुआत की बात उनके मन में आई थी। उन्हें लगता था कि हर धर्म में सत्य का कुछ-न-कुछ अंश मौजूद है। इसलिए न सिर्फ सभी धर्मों को उदार नजरिए से देखना चाहिए, बल्कि उन्हें एक-दूसरे के नजदीक लाने की भी कोशिश करनी चाहिए।

अकबर एक अनूठे शासक थे और उनमें सांसारिकता और वैराग्य का अद्भुत संगम दिखाई देता था। कहा जाता है कि युवावस्था में हीन उनके मन में राजपाठ का

वैभव छोड़कर वैरागी हो जाने की इच्छा पैदा हो गई थी। कभी-कभी वे वेष बदलकर कुछ दिनों के लिए कहीं दूर निकल जाया करते थे। उनके मन को न जाने किस चीज की खोज थी। शायद यह खोज ईश्वर की, आध्यात्मिक सन्तुष्टि की ही खोज थी।

अकबर बहुत से साधू-सन्तों, फकीरों, पीरों और विद्वानों-पंडितों के सम्पर्क में आए और इन सबका उनके जीवन पर बहुत गहरा प्रभाव पड़ा। कुछ इतिहासकारों के अनुसार वे पारसी और सूफी फकीरों से भी बहुत ज्यादा प्रभावित थे। इनमें अबुल फजल सबसे प्रमुख थे। अकबर ने उनसे प्रभावित होकर न सिर्फ उनका सूफी मत स्वीकार कर लिया, बल्कि उन्हें इस मत के प्रचार के लिए कई सुविधाएँ भी प्रदान कीं।

धर्म गुरुओं की संगत में रहते-रहते अकबर में यह इच्छा भी पैदा हो गई कि खुद उन्हें भी धर्मोपदेश देने चाहिए। यह अधिकार पाने के लिए अन्य खलीफाओं की तरह उनका खुद खुतबा पढ़ना जरूरी था। अकबर ने यह खुतबा पड़ा। खुतबे के आखिर में 'अल्लाह हो अकबर' शब्दों का इस्तेमाल किया गया था, जिनका अर्थ था, 'अल्लाह महान है'। लेकिन कुछ कट्टरपन्थियों ने इनका यह अर्थ निकाल लिया कि 'अकबर ही अल्लाह' है और अकबर को 'अधर्मी' और 'काफिर' ठहराने लगे। फिर भी, यह खुतबा पढ़ने के बाद अकबर को फरमान और फतवा जारी करने का अधिकार मिल गया था।

अकबर को ज्ञान की खोज थी—खासकर ईश्वर और धर्म से जुड़े ज्ञान की। यही कारण था कि वे मुल्लाओं और उल्लेमाओं की तरह हिन्दू पंडितों और विद्वानों को भी अपने दरबार में बुलाते थे और उनके साथ धार्मिक चर्चाएँ करते थे। दरबार में 'नव रत्नों' की स्थापना भी उनकी इसी खोज का अंग थी, जिनमें उस समय के श्रेष्ठतम कलाकार शामिल थे।

लेकिन, लगभग तरेसठ वर्ष की उम्र में अकबर का अन्तिम समय आया तो वे धर्म-कर्म की बजाय अपने पुत्र और उत्तराधिकारी सलीम को लेकर अधिक चिन्तित थे। इस पुत्र को उन्होंने बड़ी मुरादों से पाया था। उन्होंने शेख सलीम चिश्ती की दरगाह पर जाकर पुत्र-प्राप्ति के लिए मन्नत की थी। इसके बाद ही सलीम का जन्म हुआ था और शेख सलीम चिश्ती के नाम पर ही उसका नाम 'सलीम' रखा गया था। अकबर उसे प्यार से 'शेखू' भी कहा करते थे, क्योंकि वह शेख साहब के आशीर्वाद से पैदा हुआ था।

अकबर की राजधानी दिल्ली न होकर आगरा थी। सलीम के जन्म के बाद वे अपने महल से लेकर फतेहपुर सीकरी में स्थित शेख साहब की दरगाहर तक पैदल चलकर गए थे, क्योंकि मन्नत पूरी होने के बाद उन्होंने ऐसा ही करने की प्रतिज्ञा की थी।

पर अब अपनी मृत्यु-शय्या पर वे यह सोचकर चिन्तित हो रहे थे कि क्या सलीम उनका राजपाठ सँभाल सकेगा? वे अपने विश्वस्त सहयोगियों से अपना दुख व्यक्त करते हुए कह रहे थे—"उसे अपने कर्त्तव्यों का ख्याल नहीं है। उसमें राजाओं जैसी महत्त्वकांक्षाएँ भी नहीं हैं। वह रसिक और डरपोक है। दिन-रात सुख-सुन्दरी में डूबे रहने को ही वह जिन्दगी समझता है।"

अकबर ने सलीम को कुसंगति और व्यसनों से बचाने के लिए सख्ती दिखाई थी तो वह खुल्लमखुल्ला विद्रोह पर उतर आया था। तब तक नूरजहाँ उसकी जिन्दगी में नहीं आई थी और वह बहुत ज्यादा बिगड़ा हुआ था।

1604 में अकबर की माँ सख्त बीमार हो गई थी तो कुछ लोगों ने समझा-बुझाकर पिता-पुत्र में समझौता करवा दिया था। सलीम आगरा लौटकर अपने पिता के चरणों में गिर गया था और अकबर ने उसे क्षमा कर दिया था।

फिर भी, अकबर अपने बेटे की रंगीन-मिजाजी को लेकर चिन्तित रहते थे। उनके दरबारी उन्हें तसल्ली देते हुए कहते थे कि राजपाठ की जिम्मेदारी कन्धों पर आ जाने के बाद सलीम खुद ही सुधर जाएगा और अपने पिता की तरह एक अच्छा शासक साबित होगा।

सलीम का पहला विवाह आमेर के राजा भगवानदास की बेटी मानबाई से हुआ था, जो रिश्ते में उसकी ममेरी बहन लगती थी। मानबाई भी सलीम के रंगीन स्वभाव से दुखी रहती थीं, हालाँकि सलीम उसे बहुत चाहता था और उसने उसे 'शाहबेगम' का दर्जा दे रखा था। 1604 में पिता-पुत्र के झगड़े से मानबाई को इतना दुख पहुँचा था कि उसने आत्महत्या कर ली थी।

इसके बाद ही सलीम को एक झटका-सा लगा था और वह अपने पिता के साथ समझौता करने के लिए तैयार हो गया था। अकबर को उम्मीद थी कि अपनी दादी और पत्नी की मृत्यु के बाद शायद सलीम सचमुच ही सुधर जाए और उसमें एक योग्य शासक के गुण पैदा हो जाएँ। इसलिए अपनी मृत्यु से कुछ समय पहले अकबर ने उसे युवराज और अपना उत्तराधिकारी घोषित कर दिया था।

अक्तूबर 1605 में अकबर की मृत्यु के बाद सलीम का राज्याभिषेक हुआ और वह 'जहाँगीर' के नाम से गद्‌दी पर बैठा।

इसके छह वर्ष बाद ही शेर अफगान की विधवा मेहरुन्निसा उसकी जिन्दगी में आ गई, जो 'नूरजहाँ' के रूप में मशहूर हुई। नूरजहाँ की प्रेरणा और सहयोग से जहाँगीर ने अनेक वर्षों तक सफलतापूर्वक राज किया।

अब्राहम लिंकन

अब्राहम लिंकन ने पूरी दुनिया को गुलामी से मुक्ति और स्वतन्त्रता का अमूल्य मन्त्र दिया। उन्होंने न सिर्फ दुनिया के हर व्यक्ति की स्वतन्त्रता का सन्देश ही दिया, बल्कि 1863 में अमरीका के 40 लाख गुलामों को गुलामी की जंजीरों से मुक्त करके एक नई और स्वतन्त्र दुनिया की नींव रखी। इसके बाद पूरी दुनिया का स्वरूप बड़ी तेजी से बदला और राष्ट्रों तथा व्यक्तियों के स्वतन्त्रता के अधिकार को उनके सबसे पवित्र अधिकार के रूप में देखा जाने लगा।

लेकिन अब्राहम लिंकन की राह आसान नहीं थी। न ही दुनिया को मुक्ति और स्वतन्त्रता का रास्ता दिखाने के लिए उन पर फूल ही बरसाए गए, उलटे लाखों लोग उनके दुश्मन बन गए और 23 अप्रैल, 1865 को उन्हें हजारों समर्थकों के बीच गोली का निशान बनाकर मौत की नींद सुला दिया गया।

दुनिया का भला चाहने वाले हर व्यक्ति के साथ ऐसा क्यों होता है? वह ईसा मसीह हो या सुकरात, लिंकन हो या गांधी? दुनिया सच्चाई और भलाई का रास्ता चुनने वालों को, बुराइयों को खत्म करने वालों को जीने क्यों नहीं देती?

अब्राहम लिंकन अमरीका के एक ऐसे राष्ट्रपति थे जो घोर गरीबी और अभावों में पले-बढ़े थे। उनके पिता एक अनपढ़ और गरीब किसान थे। सिर्फ नौ वर्ष की उम्र में लिंकन अपनी बीमार माँ को खो बैठे थे। लेकिन मरने से पहले वे अपने इकलौते पुत्र को प्रेम, करुणा और उदारता का पाठ पढ़ा गई थीं। लिंकन कहा करते थे, "मैं जो कुछ भी हूँ, जैसा भी हूँ, अपनी माँ की वजह से हूँ। वे बिल्कुल एक फरिश्ते जैसी थीं।"

लिंकन को पढ़ने के लिए कोसों मील दूर पैदल चलकर जाना पड़ता था। यह स्कूली शिक्षा भी उन्हें नाममात्र को ही प्राप्त हुई। उनका असली शिक्षक उनका अपना मन था, जो हमेशा सत्य और ज्ञान की खोज में भटकता रहता था। उन्हें बचपन से ही किताबों से बहुत ज्यादा लगाव रहा था और वे माँग-माँग कर अच्छी से अच्छी किताबें पढ़ने की कोशिश करते थे—शेक्सपीयर, इंग्लैंड का इतिहास, अमरीकी इतिहास और न जाने क्या-क्या। वे कहा करते थे, "किताबों में वह सब

कुछ है जो मैं जानना चाहता हूँ। मुझे सबसे अच्छे दोस्त वे लगते हैं जो मुझे अच्छी-अच्छी किताबें भेंट करते रहते हैं।''

लेकिन लिंकन पढ़ने-लिखने के साथ-साथ अपने शारीरिक स्वास्थ्य का भी पूरा ध्यान रखते थे। वे खूब मेहनती थे और खेती-बाड़ी और जलाने के लिए लकड़ियाँ काटने जैसे सभी शारीरिक काम बड़े शौक से करते थे। यही कारण था कि उनके प्रखर मस्तिष्क की तरह उनका शरीर भी खूब हृष्ट-पुष्ट था।

यही लिंकन आगे चलकर अमरीका के राष्ट्रपति बने। तब दुनिया के बहुत से हिस्सों की तरह अमरीका में भी गुलाम प्रथा अपने चरम पर थी। गुलामों के साथ बिल्कुल पशुओं जैसा व्यवहार किया जाता था। उन्हें पशुओं की तरह खेतों में जोता जाता था या घरों के कामों के लिए रखा जाता था। कई बार तो मालिक हंटरों से मार-मार कर उनकी जान तक ले लेते थे, पर उन्हें कोई सजा नहीं होती थी। सदियों की गुलामी ने गुलामों के दिमाग में भी यह बात भर दी थी कि वे गुलाम बनने के लिए ही पैदा हुए थे। इसलिए गुलामी की जंजीरें तोड़ना तो दूर, वे आजाद होने के ख्याल से भी डरते थे।

यही वह समय या जब लिंकन ने गुलाम-प्रथा को अवैध घोषित करके अमरीका के 40 लाख अश्वेत गुलामों की मुक्ति का रास्ता खोल दिया। उन्होंने इस कानून का उल्लंघन करने वालों के खिलाफ कठोर दंड की भी घोषणा कर दी।

लिंकन का कहना था—''मेरा हमेशा से यह मानना रहा है कि सभी मनुष्यों को स्वतन्त्र होना चाहिए। अगर किसी को गुलाम बनाना है तो सबसे पहले उन्हें गुलाम बनाया जाना चाहिए जो खुद गुलाम बनना चाहते हों, और दूसरे नम्बर पर उन्हें जो दूसरों को गुलाम बनाना चाहते हो। जब भी कोई व्यक्ति गुलाम-प्रथा का समर्थन करता है तो मेरी इच्छा होती है कि पहले खुद उसे गुलाम बनकर इसका अनुभव लेने के लिए कहा जाना चाहिए।''

लिंकन किसी भी तरह की गुलामी के सख्त खिलाफ थे। वे कहा करते थे—''अगर गुलामी बुरी चीज नहीं है तो फिर इस दुनिया में कुछ भी बुरा नहीं है। अगर मैं खुद गुलाम बनना नहीं चाहता तो मुझे दूसरों को गुलाम बनाने का कोई अधिकार नहीं है। दूसरों की आजादी छीनकर हम न सिर्फ तानाशाही को बढ़ावा देते हैं, बल्कि खुद अपनी आजादी को भी खतरे में डाल देते हैं। दूसरों की आजादी ही हमारी अपनी आजादी की स्थायी गारंटी हो सकती है।''

लिंकन ने गुलाम-प्रथा के उन्मूलन को नैतिक और आध्यात्मिक रंग देते हुए कहा था—''मनुष्य कहता है कि वह ईश्वर की कृति है। तो फिर ईश्वर की दूसरी कृतियों को गुलाम बनाकर क्या वह ईश्वर का अपमान नहीं कर रहा है?''

गुलाम-प्रथा के उन्मूलन को लेकर अमरीका दो हिस्सों में बँट गया था। जहाँ उत्तरी अमरीका लिंकन का समर्थन कर रहा था, वहीं दक्षिण अमरीका में इस कानून

के खिलाफ विरोध की प्रचंड लहर उठ खड़ी हुई, जहाँ गुलामों की संख्या कहीं ज्यादा थी। परिणामस्वरूप पूरा अमरीका गृहयुद्ध की लपटों में घिर गया। न जाने कितने शहर बर्बाद हो गए, कितने जलकर राख के ढेर में बदल गए। न जाने कितने गुलामों को गोलियों से भून डाला गया और कितने गुलामों ने विद्रोह करके अपने मालिकों को ही मौत के घाट उतार दिया।

कुछ समय बाद गृहयुद्ध की यह आग थमी तो हर तरफ बड़े पैमाने पर तबाही हो चुकी थी। पर लिंकन अपने निर्णय पर अडिग थे। राष्ट्रपति पद के लिए दोबारा चुनाव हुए तो एक बार फिर भारी मतों से विजयी हुए। इसका अर्थ था कि अमरीका का एक बड़ा वर्ग उनके साथ था।

गृहयुद्ध की समाप्ति के बाद लिंकन ने विद्रोहियों के प्रति बड़ा उदार रवैया अपनाया था। उन्होंने बदले की भावना से काम न लेकर सभी को क्षमा कर दिया था और राष्ट्र के घावों पर मलहम लगाने की कोशिश की थी। फिर भी, कुछ ऐसे कठोर तत्व थे जो उन्हें क्षमा करने के लिए तैयार नहीं थे। इन्हीं तत्वों ने आखिर उन्हें मौत के घाट उतार दिया।

लिंकन ने अपनी मृत्यु से कुछ दिन पहले कहा था—''हो सकता है मुझे मारा डाला जाए, लेकिन मैं इस डर से स्वतन्त्रता के सिद्धान्तों को नहीं त्याग सकता।''

जिन्दगी की आखिरी घड़ियों तक लिंकन अमरीका और विश्व को सच्चाई, ईमानदारी, नैतिक साहस और सामाजिक न्याय का पाठ पढ़ाते रहे।

तब तक सत्ता और शासन को अधिकार और शक्ति के प्रतीक के रूप में देखा जाता था। लेकिन लिंकन ने दुनिया को सिखाया कि सरकार चलाना अधिकार या शक्ति का प्रतीक न होकर एक अत्यन्त पवित्र दायित्व है। यह एक ईश्वरीय कर्तव्य है।

उनका मानना था कि मनुष्य का मनुष्य के प्रति अमानवीय व्यवहार सभ्य समाज की सबसे बड़ी बुराई थी, जिसका उन्मूलन करना किसी भी सरकार का सबसे पहला कर्तव्य था। गुलाम प्रथा और दूसरों की स्वतन्त्रता का उल्लंघन मनुष्य की इसी अमानवीयता के प्रतीक थे।

लिंकन मानवीय गरिमा और गौरव को अत्यन्त पवित्र मूल्य मानते थे और इनके साथ समझौता करने के लिए तैयार नहीं थे। वे मनुष्य की अच्छाइयों से जितना प्रेम करते थे, उसकी दुष्टता और नीचता से उतनी ही घृणा भी। लेकिन वे किसी के प्रति भी मन में द्वेष या कटुता की भावना नहीं रखते थे।

लिंकन मरते-मरते भी दुनिया के माथे से गुलाम-प्रथा का कलंक मिटा गए और उसे नैतिक साहस, मानवीय गौरव और स्वतन्त्रता के पवित्र मूल्यों का पाठ पढ़ा गए।

ईसा मसीह

ईसा मसीह की मृत्यु कठोरतम दंड का उदाहरण थी। साथ ही उनके अपने ही कुछ शिष्यों द्वारा विश्वासघात का उदाहरण भी।

ईसा मसीह को यह अहसास हो चुका था कि उन्हें मृत्युदंड मिलना निश्चित था। उन्होंने अपने शिष्यों से कहा था कि उन्हीं में से एक उनके साथ विश्वासघात करेगा। और सचमुच, उनके एक शिष्य यूदस ने ही षड्यन्त्रकारियों के साथ मिलकर उन्हें पकड़वाने में मदद की। इसके बदले में यूदस को चाँदी के तीस सिक्के मिले। पर बाद में उसे अपने इस कृत्य पर इतना पछतावा हुआ कि उसने आत्महत्या कर ली।

ईसा जानते थे कि उन्हें पास्का पर्व के दिन सलीब पर लटकाया जाएगा। इस पर्व पर प्रजा की माँग पर किसी न किसी बन्दी को रिहा करने की परम्परा थी। पर ईसा के विरोधियों ने उनके खिलाफ ऐसा माहौल तैयार कर दिया था कि किसी ने भी उनकी रिहाई की माँग नहीं की।

ईसा अपने दो शिष्यों के पुत्रों के साथ जैतून नामक पहाड़ पर चले गए थे। वहाँ से लौटते समय उन्होंने कहा था, "देखो, वह घड़ी आ गई है जब मानव-पुत्र को पापियों के हवाले कर दिया जाएगा। मेरा विश्वासघाती आसपास ही कहीं है।"

इस बीच उनका शिष्य यूदस भारी भीड़ के साथ वहाँ आ पहुँचा था। उन लोगों ने हाथों में तलवारें और लाठियाँ उठा रखी थीं। यूदस ने भीड़ से कहा कि जिसे वह चुमेगा, वही ईसा मसीह होगा, उसी को पकड़ना होगा।

यूदस ने ईसा के पास पहुँचकर उन्हें प्रणाम किया तो ईसा ने कहा, "मित्र, किसी तरह का संकोच न करो! जिस उद्देश्य से आए हो, उसे पूरा करो।" इसके बाद ईसा ने भीड़ से सम्बोधित होते हुए कहा, "क्या तुम लोग मुझे कोई डाकू-लुटेरा समझ रहे हो, जो इस तरह तलवारें और लाठियाँ लेकर मुझे पकड़ने आए हो?"

ईसा की गिरफ्तारी के बाद उन पर मुकदमा चलाया गया। उनके खिलाफ तैयार किए गए एक झूठे गवाह ने उनसे कहा, "क्या आपने यह नहीं कहा कि आप ईश्वर का मन्दिर ढा सकते हैं और तीन दिनों के अन्दर उसे फिर से खड़ा कर सकते हैं?"

ईसा ने इसे स्वीकार करते हुए मानव-पुत्र के आगमन की बात दोहराई। इसे ईश्वर की निन्दा समझकर एक पुजारी आपे से बाहर हो गया और भीड़ से सम्बोधित होते हुए बोला, ''क्या ईसा प्राणदंड के अधिकारी नहीं हैं?''

भीड़ स्वीकृति में सर हिलाते हुए उन पर थूकने लगी और उन पर घूँसे बरसाने लगी। उनसे पूछा गया, ''यदि आप ईश्वर हैं तो यह बताइए कि इस भीड़ में से सबसे पहले आपको किसने मारा?''

इस अवसर पर ईसा के एक प्रिय शिष्य पेजुस ने उन्हें पहचानने तक से इनकार कर दिया और कहा, ''मैं इस आदमी को नहीं जानता!''

ईसा को बन्धनों में जकड़ दिया गया और सभी उपस्थित धर्माधिकारियों ने उन्हें प्राणदंड दिए जाने का समर्थन किया। उन्हें प्राणदंड की आज्ञा के लिए राज्यपाल के सम्मुख ले जाया गया तो उनसे पूछा गया, ''क्या आप यहूदियों के राजा हैं?'' ईसा ने 'हाँ' में उत्तर दिया तो उन पर कई और अभियोग भी लगाए जाने लगे। सिर्फ एक व्यक्ति पिलातुस ने ईसा का पक्ष लेते हुए कहा, ''मुझे इस धर्मात्मा का खून बहाने का दोषी नहीं बनना है।''

ईसा को कोड़े लगवाए गए, जिसके बाद उन्हें सलीब पर लटकाने के लिए सैनिकों के हवाले कर दिया गया। उनके कपड़े उतारकर उन्हें एक लाल चोगा और सर पर काँटों का मुकुट पहना दिया गया। सैनिक उनसे उपहास करते हुए तरह-तरह की फब्तियाँ कसने लगे, ''यहूदियों के राजा, प्रणाम!'' कोई उन पर थूक देता तो कोई लात-घूँसा जमा देता।

ईसा को सलीब पर चढ़ाने से पहले उनके सर पर एक घोषणा-पत्र बाँध दिया गया, जिस पर लिखा था, ''यह यहूदियों का राजा ईसा है।''

ईसा सलीब पर टँगे रहे और वहाँ से गुजरने वाले लोग उनका मजाक उड़ाते रहे—''अरे ओ मन्दिर ढाकर तीन दिनों में उसे फिर से खड़ा करने का झूठा दावा करने वाले, अगर तू ईश्वर का पुत्र है तो सलीब से उतरकर दिखा!'' कोई कहता, ''दूसरों को बचाने का दावा करने वाले, पहले खुद को तो बचाकर दिखा!''

दोपहर हो गई, और फिर तीसरा प्रहर शुरू होते ही अँधेरा छाने लगा। ईसा ने ऊँचे स्वर में ईश्वर को पुकारते हुए कहा, ''ए ईश्वर, तूने मुझे क्यों त्याग दिया है?''

उन्हें पीने के लिए खट्टी अँगूरी दी गई। कुछ लोगों ने तब भी उपहास करते हुए कहा, ''देखते हैं, इसे बचाने के लिए कौन आता है!''

ईसा ने शान्त स्वर में कहा, ''हे ईश्वर, इन्हें क्षमा करना! ये नहीं जानते कि ये क्या कर रहे हैं!''

इसके बाद धरती काँपने लगी, चट्टानें दरकने लगीं, मन्दिरों के टुकड़े-टुकड़े हो गए और ईसा ने प्राण त्याग दिए।

भयभीत सैनिक एक स्वर में कहने लगे, ''सचमुच ही वह ईश्वर का पुत्र था!''

कहा जाता है कि ईसा मसीह ने अपने जीवन–काल में ही यह घोषणा कर दी थी कि वे मृत्यु के तीन दिन बाद फिर से जी उठेंगे। इसलिए उनकी कब्र पर बहुत सख्त पहरा रखा गया था।

यह भी कहा जाता है कि कब्र के पहरेदारों ने यह खबर फैला दी थी कि वे सब जब रात को सो रहे थे तो ईसा के शिष्य उनके शव को कब्र से निकालकर ले गए थे।

इसलिए ईसा के फिर से जी उठने की बात रहस्य के पर्दों में खोकर रह गई।

(ईसा के जीवन से जुड़ी किंवदंतियों पर आधारित)

औरंगजेब

जहाँ अकबर को एक उदार, धर्म-निरपेक्ष और दूरदर्शी मुगल सम्राट के रूप में याद किया जाता है, वहीं उनके परपौत्र औरंगजेब को एक कठोर, कट्टरपन्थी और क्रूर मुगल सम्राट के रूप में याद किया जाता है। अकबर ने मुगल साम्राज्य को बड़ी मजबूती से स्थापित कर दिया था, वहीं औरंगजेब के बाद यह साम्राज्य तिनकों के ढेर की तरह बिखर गया।

दरअसल गद्दी पर बैठते समय भी औरंगजेब के हाथ खून से रंगे हुए थे—अपने ही भाइयों के खून से। उनके भाई दारा शिकोह उनके पिता शाहजहाँ और बहन जहाँआरा के दुलारे थे। शाहजहाँ के दारा शिकोह को अपना उत्तराधिकारी भी घोषित कर दिया था। लेकिन औरंगजेब ने विद्रोह करके दारा शिकोह की शाही सेना को हरा दिया और उसका कटा हुआ सर अपने पिता के पास भिजवा दिया। औरंगजेब ने अपने दो अन्य भाइयों मुराद और शुजा की भी हत्या कर दी और अपने बीमार पिता शाहजहाँ को कड़े पहरे में बन्दीगृह में डाल दिया।

शाहजहाँ ने अन्तिम वर्ष इस बन्दीगृह में ही गुजरे थे। उनकी बेटी जहाँआरा भी उनके साथ थी। कहते हैं कि शाहजहाँ इसी बन्दीगृह से दूर खड़े ताजमहल को देखा करते थे और एक ठंडी साँस भरकर रह जाते थे। अपनी बेटी जहाँआरा के अलावा वे न किसी से बात कर सकते थे और न पत्र-व्यवहार।

तो ऐसा था औरंगजेब का खुद अपने पिता और भाई-बहनों के साथ व्यवहार। तो फिर देश की प्रजा उनसे उदारता और न्याय की उम्मीद कैसे कर सकती थी?

औरंगजेब की धार्मिक कट्टरता दिल दहला देने वाली थी। वे यह बात भूल गए थे यहाँ लगभग 90 प्रतिशत जनता हिन्दू थी। बहन जहाँआरा के घोर विरोध के बावजूद उन्होंने हिन्दुओं पर फिर से 'जजिया' (धार्मिक कर) लगा दिया और उनके त्योहारों को राज दरबार में मनाए जाने पर रोक लगा दी। हिन्दुओं को राजकीय सम्मान और सेवाओं से भी वंचित कर दिया गया। इतना ही नहीं, उनके कई गुरुकुल और मन्दिर भी तुड़वा दिए गए।

औरंगजेब की इस धार्मिक कट्टरता का ही परिणाम था कि जगह-जगह उनके

खिलाफ विद्रोह की हवा भड़क उठी। कहीं मराठा, कहीं सिख तो कहीं जाट मुगल साम्राज्य को चुनौती देने लगे। भले ही औरंगजेब खुद लगभग पचास वर्ण तक राज करते रहे, लेकिन इन पचास वर्षों में मुगल साम्राज्य की चूलें इतनी ढीली हो गईं कि उनकी मृत्यु के बाद मुगल साम्राज्य तिनकों के ढेर की तरह बिखर गया।

फिर भी, इस कठोर और कट्टरपन्थी सम्राट का एक दूसरा पक्ष भी था। उसके व्यक्तिगत जीवन, भावनाओं और सिद्धान्तों से जुड़ा पक्ष।

अपनी युवावस्था में औरंगजेब जैनावादी नामक एक युवती पर मोहित हो गए थे। वह किसी अप्सरा की तरह सुन्दर थी और कोयल की तरह गाती थी। औरंगजेब बुरहानपुर के आम के बागों में उसका गाना सुनकर मंत्रमुग्ध हो गए थे और जब उसे देखा तो देखते ही रह गए थे। वे उसे अपने साथ आगरा ले जाने के लिए मचल उठे थे।

खोजबीन करने पर औरंगजेब को पता चला कि वह सुन्दरी उनके मौसा मीर खलील की प्रेयसी थी। औरंगजेब ने फिर भी हिम्मत नहीं हारी और अपने एक विश्वासपात्र के माध्यम से मीर खलील तक अपने मन की बात पहुँचा दी। मीर खलील जैनावादी उर्फ हीराबाई को छोड़ने के लिए राजी हो गया, बशर्ते कि औरंगजेब अपने हरम की एक सुन्दरी को बदले में उसके पास भेज दे।

जैनावादी औरंगजेब के साथ आगरा आ गई। शाहजहाँ अपने कठोर स्वभाव के बेटे को प्रेम में डूबे देखकर फूले नहीं समा रहे थे। औरंगजेब पूरी तरह से जैनावादी की मुट्ठी में थे और उसके उकसाने पर शराब भी पीने लगे थे।

लेकिन ये रंगीनियाँ ज्यादा दिन नहीं चलीं। जैनावादी अचानक किसी अज्ञात बीमारी से चल बसी और औरंगजेब का जीवन मानो हमेशा के लिए वीरान हो गया। वे जैनावादी को मरते दम तक नहीं भुला पाए। अपनी सारी रंगीनियाँ, नृत्य-संगीत और शराबखोरी उन्होंने जैनावादी के शरीर के साथ ही उसकी कब्र में दफन कर दीं और कट्टर धार्मिक हो गए।

एक विशाल साम्राज्य का स्वामी होने के बावजूद औरंगजेब का मानना था कि हर इंसान को अपने हाथ से मेहनत करके कुछ-न-कुछ धन कमाना चाहिए। इसलिए वे अपने हाथ से टोपियाँ सिलकर अपना निजी खर्च चलाते थे। वे कुरान का अनुवाद करने का भी काम करते थे। अपनी वसीयत में उन्होंने लिखा था—

''मेरे निजी खर्च की थैली में कुरान की नकल करने के मेहनताने के तौर पर तीन सौ पचास रुपए हैं। मेरी मौत के दिन इन्हें फकीरों में बाँट दिया जाए। चूँकि कुरान की नकल करने से कमाया हुआ पैसा शिया सम्प्रदाय में अनुचित माना जाता है, इसलिए इसे मेरी कफन की चादर वगैरह खरीदने के लिए खर्च न किया जाए।''

कहा जाता है कि अपने अन्तिम दिनों में औरंगजेब को अपने बुरे कर्मों का पछतावा होने लगा था। उन्हें रह-रहकर बीते दिनों की याद आती थी और अपने किए पर शर्म महसूस होती थी। उनकी बेटी जीनत उन्हें तसल्ली देते हुए कहती थी कि खुदा सब माफ कर देगा, क्योंकि उन्होंने कई अच्छे काम भी किए थे।

''नहीं, बेटी, नहीं'', वे अपने-आपको कोसते हुए कहते थे, ''हमने बहुतों का बुरा किया है, बहुतों का दिल दुखाया है, बहुतों पर जुल्म किया है। खुदा हमें माफ नहीं करेगा।''

औरंगजेब की आखिरी रात सबसे मुश्किल रात थी। वे रात भर छटपटाते रहे और अपने-आपको कोसते रहे।

हकीम साहब उन्हें देखने आए थे तो बोले थे, ''फिक्र की कोई बात नहीं है, जहाँपनाह! खाँसी अच्छी हो गई है और कमजोरी भी इंशा अल्लाह जल्दी ही दूर हो जाएगी!''

''नहीं हकीम साहब, नहीं,'' औरंगजेब ने थके-टूटे स्वर में कहा था, ''अब मैं अच्छा नहीं हो सकता! अब कोई दवा मुझे मौत से नहीं बचा सकती।''

हकीम साहब के जाने के बाद उन्होंने जीनत से कहा था, ''हकीम साहब को नहीं मालूम है, बेटी...लेकिन मेरा आखिरी वक्त करीब आ गया है! यह रात मेरी आखिरी रात है। जल्दी से कातिब को बुला लो, ताकि मैं मरने से पहले अपनी आखिरी ख्वाइशें लिखवा सकूँ! कितने अफसोस की बात है कि इस समय मेरा कोई भी बेटा मेरे पास मौजूद नहीं है। शायद खुदा को यही मंजूर है!''

''ऐसा क्यों कहते हैं, मैं हूँ न आपके पास'', जीनत ने उन्हें हिम्मत बँधाते हुए कहा। ''आप दवा तो ले लीजिए!''

''अब दवा पर से हमारा भरोसा उठ चुका है, जीनत,'' औरंगजेब ने इनकार करते हुए कहा। ''हमारे लिए दुआ करो और जल्दी से कातिब को बुलवा लो!''

कातिब (मुंशी) आया तो औरंगजेब उसे अपने पास बिठाकर खोए-खोए से स्वर में बोले, ''मैं अपने साथ कुछ भी लेकर नहीं आया था, लेकिन अब अपने साथ गुनाहों का कारवाँ लेकर जा रहा हूँ। मेरे साथ मेरी बेइंसाफियाँ और मेरे गुनाह जा रहे हैं।''

इसके बाद वे कातिब से लिखवाने लगे—

अगर पानी और राजा एक ही जगह रुके रहें तो अच्छा नहीं होता। पानी सड़ जाता है और राजा का राजपाठ उसके हाथ से निकल जाता है। राजा को घूमते-फिरते रहना चाहिए और अपने राज्य के हर क्षेत्र का हालचाल जानते रहना चाहिए।

राजा को योग्यता के अनुसार काम बाँटने चाहिए। चटाई बुनने वाले से लौहार का काम करवाना समझदारी की बात नहीं है। यही बात राजा के सहयोगियों पर भी लागू होती है।

राजा में विनम्रता और कठोरता दोनों गुण होने चाहिए। दोनों में से कोई एक गुण कम या ज्यादा होने से सत्ता का सन्तुलन बिगड़ जाता है और विनाश का कारण बनता है। ज्यादा नरमी बरतने से लोग सर पर चढ़ जाते हैं, जबकि ज्यादा सख्ती दिखाने से दूर भागने लगते हैं।

औरंगजेब ने कातिब को विदा करने के बाद जीनत से कहा, ''हमारी सख्ती ने हमारा बड़ा साथ दिया है, लेकिन यही सख्ती हमें ले भी डूबी है। आज कोई भी हमारे पास नहीं है, हमारा कोई बेटा तक भी नहीं।''

उन्होंने अपने बेटे मुअज्जम का जिक्र करते हुए कहा, ''उससे कहना कि हमने उसकी भलाई के लिए ही उसे कुछ वर्षों के लिए कैदखाने में डाल दिया था। इससे उसे अपनी बुराइयों से पीछा छुड़ाने में मदद मिली है और अब वह हमारा उत्तराधिकारी बनने योग्य हो गया है।''

इसके बाद वे अर्द्ध-बेहोशी की हालत में चले गए। जीनत उनके पास बैठी उनकी सेवा करती रही।

औरंगजेब कभी जैनावादी को याद करने लगते तो कभी अपने भाई मुराद को। मुराद ने सामूगढ़ की लड़ाई में उनकी जान बचाई थी।

''मैंने कितने जुल्म किए हैं, कितनी बेइंसाफियाँ की हैं,'' वे बड़बड़ाते हुए कह रहे थे, ''मैंने अपनी जान बचाने वालों को भी नहीं बख्शा! मैंने उनकी भी जान ले ली! खुदा मुझे कभी माफ नहीं करेगा!''

आखिर में उन्होंने जीनत से कहा, ''इस बदनसीब को जमीन में यूँ ही दफन कर देना! वहाँ कोई मकबरा वगैरह न बनवाना। हमारी इच्छा है कि हमारी कब्र पर कुदरती घास की मखमली चादर हो, इसके अलावा और कुछ भी नहीं!''

इसके बाद उन्होंने आँखें मूँद लीं, मानों अपनी कब्र का ख्याल करते-करते गहरी नींद में डूब गए हों—एक कभी न टूटने वाली नींद में।

जीनत की आँखों में आँसू छलक आए। एक महाशक्तिशाली सम्राट का अन्त हो गया था, इस तरह जैसे कोई फकीर इस दुनिया से जाता है।

कोलम्बस

अमरीका की खोज करनेवाले महान खोजी कोलम्बस को अपने अन्तिम दिन अस्थि-रोग से जूझते हुए और स्पेन साम्राज्य के खिलाफ बहुत कटुता महसूस करते हुए गुजारने पड़े।

पन्द्रहवीं शताब्दी के मध्य (1451) में वर्तमान इटली में जनमें कोलम्बस पहले पुर्तगाल और फिर स्पेन में जा बसे थे। उन्हें बचपन से ही समुद्र सम्मोहित करता रहा था और वे इसकी उच्छृंखल लहरों में खेलते-कूदते हुए बड़े हुए थे। उनके मन में हमेशा ये प्रश्न उठते रहे थे कि समुद्र के उस पार क्या था? वहाँ कौन-सी दुनिया थी?

तब तक किसी को नहीं मालूम था कि यह दुनिया कितनी बड़ी थी। इसके कितने हिस्से थे और वहाँ कौन-कौन-से देश बसे हुए थे। इसका जवाब सिर्फ समुद्र के पास था। समुद्र ही एकमात्र ऐसा रास्ता था जिसे पार करके दुनिया के दूसरे हिस्सों तक पहुँचा जा सकता था, उनकी खोज की जा सकती थी, और यह जाना जा सकता था कि मानव सभ्यता पृथ्वी के कौन-कौन से हिस्सों तक पहुँच चुकी थी।

इस तरह के प्रश्न बचपन से ही कोलम्बस के मन में उठते रहे थे। इसलिए होश सँभालते ही उन्होंने समुद्र की लहरों को अपना संगी-साथी बना लिया और छोटी-बड़ी समुद्री यात्राओं पर निकलने लगे। शुरू में उन्हें सिर्फ छोटी-बड़ी कश्तियों से काम चलना पड़ता था, लेकिन धीरे-धीरे वे पहले छोटे और फिर बड़े जहाजों का इस्तेमाल करने लगे।

जल्दी ही एक महान नाविक के रूप में कोलम्बस की कीर्ति दूर-दूर तक फैलने लगी और कई बड़े व्यापारी आसपास के देशों के साथ व्यापार के लिए उनकी सेवाओं का इस्तेमाल करने लगे।

लेकिन कोलम्बस इससे सन्तुष्ट नहीं थे। वे कुछ नया अनूठा करना चाहते थे। कुछ नया खोजना चाहते थे। उन्हें एक सीधी-सादी और सुविधाजनक जिन्दगी पसन्द नहीं थी। वे खतरों से खेलना चाहते थे और समुद्रीय तूफानों की परवाह न करके लम्बी और रोमांचक यात्राओं पर निकलना चाहते थे।

स्पेन की महारानी इजाबेला ने उनकी कीर्ति के बारे में सुना तो उन्हें राज दरबार में आमन्त्रित किया। कोलम्बस को मानो मुँहमाँगी मुराद मिल गई। उन्होंने महारानी

को भरोसा दिलाया कि वे एशिया तक पहुँचने का एक ऐसा समुद्री रास्ता खोज सकते थे, जिससे स्पेन के व्यापार में कई गुना बढ़ोत्तरी हो सकती थी।

महारानी ने उनके प्रस्ताव को स्वीकार कर लिया और उन्हें तीन जहाज और 90 आदमी उपलब्ध करवा दिए।

इस तरह, 1492 में कोलम्बस अपनी पहली खोजी यात्रा पर निकले। वे पूर्व की बजाय पश्चिमी की तरफ से एशिया तक पहुँचने का रास्ता ढूँढ़ना चाहते थे।

कई महीनों की लम्बी और कठिनाइयों भरी यात्रा के बाद कोलम्बस एशिया की बजाय ईस्ट इंडीज के केरेबियन द्वीप-समूहों में जा पहुँचे। वे जिस टापु पर सबसे पहले पहुँचे थे उसका नाम हिसपानिओला था। कोलम्बस और उनके साथी बहुत ज्यादा थके हुए थे। टापू के आदिवासी निवासियों ने उनका स्वागत किया और उनकी सेवा में कोई कसर न छोड़ी।

कोलम्बस और उनके साथी जल्दी ही तरोताजा होकर आगे की यात्रा पर निकल पड़े और उन्होंने ईस्ट इंडीज में कई और टापुओं की खोज की।

कोलम्बस अपने काफिले के साथ स्पेन वापस लौटे तो महारानी उनकी सफलता पर बहुत खुश हुईं। भले ही वे एशिया तक पहुँचने का पश्चिमी मार्ग नहीं खोज पाए थे, लेकिन उन्होंने ईस्ट इंडीज में दर्जनों ऐसे टापू ढूँढ़ निकाले थे जहाँ स्पेनिश कालोनियाँ यानी उपनिवेश बसाए जा सकते थे।

कोलम्बस की इस यात्रा के बाद ही उपनिवेशों का दौर शुरू हुआ, जिन्हें 'नई दुनिया' के नाम से जाना जाने लगा। इस तरह स्पेन ने ही उपनिवेशवाद की शुरुआत की जिसे बाद में फ्रांस और इंग्लैंड ने जोर-शोर से अपना लिया।

महारानी इजाबेला ने कोलम्बस को हिसपानिओला का वायसराय और गवर्नर नियुक्त करते हुए उन्हें वहाँ और आसपास के टापुओं में स्पेनिश कालोनियाँ बसाने का जिम्मा सौंपा।

कुछ वर्ष बाद कोलम्बस अपनी दूसरी खोजी यात्रा पर निकल गए। इस बार महारानी ने उन्हें 17 जहाज और 1200 आदमी उपलब्ध करवाए। इस बार नए टापुओं की खोज के साथ ही उन पर स्पेनिश कालोनियाँ बसाने का भी उद्देश्य था। इसलिए इन जहाजों में महीनों तक चलने वाली रसद के साथ-साथ सैनिक और प्रशासनिक साजो-सामान भी था। ताकि यह यात्रा एक तरह से स्पेनिश साम्राज्य के विस्तार की यात्रा थी।

कोलम्बस ने इस बार भी कई नए टापू खोज निकाले और कई नई कालोनियाँ स्थापित कीं।

पर वे अब तक एशिया तक पहुँचने का पश्चिमी रास्ता नहीं खोज पाए थे। अटलांटिक सागर मानो उनके लिए एक चुनौती बना हुआ था। जिसकी वे थाह नहीं ले पा रहे थे।

अपनी तीसरी खोजी यात्रा के दौरान उन्होंने बहुत दूर तक जाने और एशिया के लिए एक नया रास्ता ढूँढ़ निकालने का संकल्प किया। इस बार वे 6 जहाजों का नेतृत्व कर रहे थे।

यह एक लम्बी और चुनौतियों भरी यात्रा थी। रास्ते में कई तूफान भी आए और उन्हें विभिन्न टापुओं पर रुककर शरण लेनी पड़ी। फिर भी उन्होंने हिम्मत नहीं हारी और अपने काफिले के साथ आगे बढ़ते रहे।

आखिरकार वे एक अनमोल खजाना ढूँढ़ निकालने में सफल रहे। यह अनमोल खजाना अमरीकी महाद्वीप की खोज के रूप में था, जिसे वे आखिर तक 'एशिया' ही समझते रहे। यह एक बड़ी खोज थी, उनकी सबसे बड़ी खोज। उन्हें उम्मीद थी कि इस बार महारानी इतनी खुश हो जाएँगी कि उन्हें तख्तोताज देने से भी नहीं झिझकेंगी।

लेकिन हुआ इसका उलटा। महारानी ने उन्हें हिसपानिओला के वायसराय और गवर्नर के पद से बर्खास्त कर दिया। इतना ही नहीं, उन्हें गिरफ्तार करके जेल में ठूँस दिया गया। उन पर ईस्ट इंडीज द्वीपों के मूल निवासियों में विद्रोह भड़काने का आरोप था। खुद कोलम्बस का कहना था कि वे स्पेन के प्रशासनिक अधिकारियों द्वारा मूल निवासियों के दमन और शोषण को बर्दाश्त नहीं कर पा रहे थे।

यह कहना मुश्किल था कि सच्चाई क्या थी। कुछ लोग उलटे कोलम्बस पर ही यह आरोप लगा रहे थे कि वे इन टापुओं के आदिवासियों को 'गुलामों' के रूप में बेच-बेचकर भारी मुनाफा कमाते रहे थे, इसीलिए इन टापुओं में विद्रोह की भावना भड़कने लगी थी।

महारानी तय नहीं कर पा रही थीं कि कौन सच्चा था और कौन झूठा। फिर भी, कोलम्बस ने भरे दरबार में अपनी इतनी भावभीनी सफाई दी कि महारानी का दिल पिघल गया। उन्होंने कोलम्बस को न सिर्फ जेल और सभी आरोपों से मुक्त कर दिया, बल्कि उनकी जब्त की हुई धन-सम्पत्ति के साथ-साथ उनका शाही सम्मान भी लौटा दिया। पर उन्हें फिर से वायसराय या गवर्नर नहीं बनाया गया।

इसके बाद महारानी के कहने पर कोलम्बस चौथी खोजी यात्रा पर भी निकले। पर उनका दिल टूट चुका था। वे अपने साथियों से कहते थे, ''मैंने स्पेन साम्राज्य को 1700 नए टापू ढूँढ़कर दिए। इनमें से कई में साम्राज्य अपनी कालोनियाँ बसाकर भरपूर लाभ कमा रहा है। पर मुझे क्या मिला—जेल, लांछन और अपमान? ऐसी 'नई दुनिया' खोजने का क्या लाभ जो दमन और शोषण को प्रोत्साहन दे? जो मनुष्य को मनुष्य पर ही अत्याचार करने का अवसर दे? मुझे अब कोई दुनिया नहीं खोजनी। मैं अब सीधे ईश्वर के पास जाकर ही एक नई दुनिया देखूँगा—एक सचमुच की नई दुनिया।''

कुछ ही वर्षों में कोलम्बस इसी तरह की सोचों से घिरे; निराश और दुखी, इस दुनिया से चले गए।

जयप्रकाश नारायण

लोकनायक जयप्रकाश नारायण आजादी की लड़ाई लड़ने वाले उन दिग्गज नेताओं में से थे, जिन्होंने अपना सब कुछ देश के लिए समर्पित कर दिया था।

वे महात्मा गांधी को अपना आदर्श मानते थे। उन्हीं के पद्-चिन्हों पर चलते हुए उन्होंने आजादी मिलने के बाद उसके फल खाने से इनकार कर दिया था। प्रधानमन्त्री जवाहरलाल नेहरू ने कई बार उन्हें सरकार में कोई ऊँचा पद देने की इच्छा प्रकट की थी, लेकिन जयप्रकाश नारायण ने हर बार विनम्रतापूर्वक इनकार कर दिया था। उन्हें पद, सत्ता और इससे जुड़ी सुख-सुविधाओं या मान-सम्मान की भूख नहीं थी। वे सिर्फ इतना चाहते थे कि आजादी के बाद देश की सत्ता सँभालने वाले नेता उन ऊँचे मूल्यों और आदर्शों को याद रखें जिनके आधार पर आजादी की लड़ाई लड़ी गई थी।

जिन्दगी के आखिरी क्षणों तक वे राजनीति में इन्हीं ऊँचे मूल्यों और आदर्शों के लिए संघर्ष करते रहे।

लगभग 70 वर्ष की उम्र में इतिहास ने उन्हें एक ऐसी भूमिका सौंपी जिसकी शायद उन्होंने, या किसी ने भी, कभी कल्पना नहीं की थी। यह भूमिका भी नेहरू की बेटी और देश की तत्कालीन प्रधानमन्त्री इन्दिरा गांधी को खुली राजनीति चुनौती देने की भूमिका।

उनकी इसी चुनौती का परिणाम थी पहले इमरजेंसी और फिर एक नई पार्टी जनता पार्टी के हाथों इन्दिरा गांधी और उनकी पार्टी की करारी हार। 1977 के इस ऐतिहासिक और चामत्कारिक चुनावी उलटफेर को 'दूसरी आजादी' का नाम दिया गया था, जो एक तरह से सही भी था।

नेहरू के बाद पहले शास्त्री और फिर इन्दिरा गांधी ने देश की सत्ता की बागडोर सँभाली थी। नेहरू और शास्त्री की तरह इन्दिरा गांधी भी देश की जनता की अत्यन्त प्रिय नेता थीं और देश को उनसे बहुत उम्मीदें थीं। उन्होंने कांग्रेस के पुराने और बूढ़े नेताओं से पल्ला झाड़कर जिस तरह 1971 का लोकसभा चुनाव अकेले के अपने दम पर लड़ा था और प्रचंड बहुमत हासिल किया था, उससे उनकी प्रतिष्ठा में चार

चाँद लग गए थे। इसके बाद बांग्लादेश युद्ध में ऐतिहासिक विजय के बाद उनकी लोकप्रियता सातवें आसमान पर पहुँच गई थी।

लेकिन इसके बाद उनकी शासन-शैली में निरंकुशता और अधिकारवाद के चिन्ह दिखाई देने लगे और यहीं से वयोवृद्ध स्वतन्त्रता सेनानी जयप्रकाश नारायण से उनका टकराव शुरू हुआ। जयप्रकाश नारायण का मानना था कि संस्थाओं की स्वतन्त्रता का सम्मान करके ही देश की स्वतन्त्रता को बचाए रखा जा सकता है। वे मनमानेपन और अधिकारवाद के सख्त खिलाफ थे, क्योंकि इससे भ्रष्ट और खुशामदी नेताओं और अधिकारियों को फलने-फूलने का अवसर मिलता था। देश में उस समय ऐसी ही स्थिति थी। नेताओं और अधिकारियों की निरंकुशता के कारण जहाँ भ्रष्टाचार और चाटुकारिता को बढ़ावा मिलने लगा था, वहीं आम जनता के साथ उनका सम्पर्क टूटने लगा था।

यही वह समय था जब जयप्रकाश नारायण ने बिहार में 'परिवर्तन' और 'सम्पूर्ण क्रान्ति' का नारा दिया। सरकार और प्रशासन के मनमाने तौर-तरीकों से त्रस्त युवा पीढ़ी बड़े उत्साह और विश्वास से इस वृद्ध नेता के पीछे चल पड़ी, जो अब देश भर में 'जेपी' के नाम से लोकप्रिय हो चुके थे।

सरकारी पदों और मान-प्रतिष्ठा के हमेशा अस्वीकार करते रहने वाले जेपी की छवि किसी साधु-संन्यासी जैसी थी, इसलिए देश की जनता उनका बहुत मान करती थी और उन पर भरोसा करती थी। तब इन्दिरा गांधी ने सपने में भी नहीं सोचा होगा कि यह 70 वर्षीय स्वतन्त्रता सेनानी उनकी सरकार को हिला देगा और उसे उखाड़ फेकेंगा। लेकिन कुछ वर्ष बाद ऐसा ही हुआ।

जेपी ज्यादातर पटना (बिहार) में रहते थे। पर उन्हें बड़ी गहराई से यह महसूस होने लगा था कि देश की जनता को उन मूल्यों और सिद्धान्तों के प्रति जागरूक करने का समय आ गया था जिन्हें कांग्रेस नष्ट करने पर तुली हुई थी। ये प्रजातान्त्रिक मूल्य और सिद्धान्त ही देश की स्वतन्त्रता और संसदीय प्रणाली की आधार-शिला थे। इनके साथ किसी तरह की छेड़छाड़ देश के भविष्य को संकट में डाल सकती थी। साथ ही, वे देश को एक मूल्य आधारित राजनीति का सन्देश भी देना चाहते थे, जिन्हें कांग्रेस के अधिकांश नेता भूलते जा रहे थे।

इन्हीं उद्देश्यों को ध्यान में रखकर जेपी ने पटना में एक युवा आन्दोलन की शुरुआत की, जो शीघ्र ही पूरे देश में फैल गया। वे गुजरात भी गए, जहाँ उन्होंने छात्रों के 'नवनिर्माण आन्दोलन' का नेतृत्व किया। उनके इस आन्दोलन के परिणामस्वरूप गुजरात में चिमनभाई पटेल की तत्कालीन कांग्रेस सरकार को इस्तीफा देना पड़ा।

इसके बाद केन्द्र सरकार और इन्दिरा गांधी की बारी थी। लेकिन इससे पहले कि जेपी के नेतृत्व में यह युवा आन्दोलन इन्दिरा गांधी से सीधी टक्कर ले पाता, इलाहाबाद उच्च न्यायालय ने एक चुनावी याचिका पर अपने फैसले में रायबरेली

की सीट से इन्दिरा गांधी के चुनाव को अवैध घोषित कर दिया। सिर्फ एक तकनीकी गलती के आधार पर दिए गए इस फैसले ने देश में एक संवैधानिक संकट खड़ा कर दिया। कुछ दिन बाद उच्चतम न्यायालय ने इस फैसले पर रोक लगा दी तो इन्दिरा गांधी को देश में फैली विरोध की लहर और 'अराजकता' के नाम पर इमरजेंसी अर्थात् आन्तरिक आपातकाल लगाने का अवसर मिल गया।

जयप्रकाश नारायण समेत सभी विरोधी नेताओं को जेलों में ठूँस दिया गया।

देश के प्रजातन्त्र के लिए यह परीक्षा की घड़ी थी।

लगभग 19 महीने बाद इमरजेंसी में ढील देते हुए देश में नए लोकसभा चुनाव करवाने की घोषणा की गई। सभी विपक्षी नेता एकजुट होकर जेपी के पीछे खड़े हो गए और उन्हें चुनावों में विपक्ष का नेतृत्व करने के लिए कहने लगे।

जयप्रकाश नारायण के मार्गदर्शन में 'जनता पार्टी' के नाम से एक नई राजनीतिक पार्टी का गठन किया गया, जिसमें बहुत-सी पुरानी पार्टियाँ शामिल थीं। चुनाव हुए और जैसा कि जयप्रकाश नारायण और देश की जनता को उम्मीद थी, इस नई पार्टी ने इन्दिरा गांधी और उनकी कांग्रेस को करारी मात देकर चुनावों में स्पष्ट बहुमत प्राप्त कर लिया।

यह जेपी और मूल्यों और सिद्धान्तों पर आधारित उनके आन्दोलन का स्वर्णिम क्षण था। जनता पार्टी की विजय को देश की 'दूसरी आजादी' के रूप में देखा गया।

जेपी—और उनके साथ-साथ पूरे देश को भी—उम्मीद थी कि हमेशा कांग्रेस के तौर-तरीकों की आलोचना करते रहने वाले 'जनता पार्टी' के नेता देश की राजनीति को एक स्वस्थ और नई दिशा देंगे, और देश में मूल्यों और सिद्धान्तों पर आधारित राजनीति का सूत्रपात होगा।

लेकिन जनता पार्टी के नेताओं ने जिस तरह का आचरण दिखाया, उससे देश की जनता के साथ-साथ जेपी का भी जल्दी ही मोहभंग होने लगा। जनता पार्टी की सरकार न सिर्फ कांग्रेस सरकार की ही एक भौंडी नकल साबित होने लगी थी, बल्कि उनके नेताओं में कांग्रेस के आत्म-अनुशासन और मर्यादाशीलता का भी अभाव दिखाई देता था।

जयप्रकाश नारायण और नए प्रधानमन्त्री मोरारजी देसाई का ख्याल था कि इन्दिरा गांधी को चुनावों में हराकर देश की जनता ने उन्हें पर्याप्त सजा दे दी थी, इसलिए मुकदमेबाजी करके उन्हें अदालत में घसीटने की जरूरत नहीं थी। लेकिन जनता पार्टी के कुछ नेता मनमानी करने पर तुले हुए थे। उन्होंने सत्ता के नशे में और अपने अहं को तुष्ट करने के लिए इन्दिरा गांधी को गिरफ्तार कर लिया। यह अलग बात थी कि उनके खिलाफ सबूतों के अभाव में उन्हें जल्दी ही छोड़ देना पड़ा।

इस तरह के प्रतिशोधात्मक और बचकाने कृत्यों से जनता पार्टी और उसके नेताओं की जग-हँसाई तो हुई ही, साथ ही देश की जनता की नजरों में जनता पार्टी की छवि भी धूमिल होने लगी और इन्दिरा गांधी को सहानुभूति का लाभ मिलने लगा।

जनता पार्टी के नेताओं के आपसी झगड़े, प्रतिशोधात्मक रवैया और बचकाना और गैर-जिम्मेदाराना अचरण—सब कुछ जेपी के सपनों को चकनाचूर करने वाला था।

जयप्रकाश नारायण की जिन्दगी के आखिरी दो वर्ष इसी मोहभंग और सपनों के टूटने की पीड़ा के बीच गुजरे। उनका शरीर भी उनका साथ नहीं दे रहा था कि वे आगे बढ़कर खुद कुछ कर पाते। पिछले कुछ वर्षों से उनका स्वास्थ्य तेजी से गिरता चला गया था। जल्दी ही, उन्हें हर तीन महीने बाद खून बदलवाने के लिए डायलिसिस पर रखे जाने की जरूरत पड़ने लगी।

कभी कोई उनसे मिलने पटना जाता और जनता पार्टी के कुकर्मों की शिकायत करता तो उनकी कमजोर आँखों में निराशा के बादल उमड़ आते और वे एक ठंडी आह भरकर कहते, "मेरी कौन सुनता है?"

वे कितने अकेले पड़ गए थे, कितने अकेले रह गए थे। मानो अब दिल्ली में किसी को भी उनकी सलाह की, उनके मार्गदर्शन की जरूरत नहीं रह गई थी। मानो जनता पार्टी के नेताओं का उद्देश्य सिर्फ इन्दिरा गांधी को मात देकर सत्ता हथियाना था, जे.पी. तो एक मोहरा मात्र थे।

मूल्यों और सिद्धान्तों पर आधारित राजनीति का क्या होगा? आजादी की लड़ाई से जुड़े ऊँचे उद्देश्यों का क्या होगा? कभी-कभी वे बिस्तर पर लेटे-लेटे सोचते और बहुत उदास हो जाते।

उन्होंने अपना पूरा जीवन देश-सेवा में समर्पित कर दिया था। विवाह भी नहीं किया था। कोई पद भी नहीं लिया था। सिर्फ संकट की घड़ियों में आन्दोलनों का नेतृत्व किया था। ऐसे आन्दोलन जो ऊँचे आदर्शों और ऊँचे मूल्यों से जुड़े हुए थे। वे स्वतन्त्र भारत में गांधीवाद और उनके सपनों का भारत तलाशते रहे थे, और खुद अपने प्रयासों से भी एक आदर्श और अपनी कल्पनाओं का भारत गढ़ते रहे थे।

मार्च 1979 में उनकी दशा बहुत ज्यादा गम्भीर हो गई। यहाँ तक कि भूल से आकाशवाणी पर उनकी मृत्यु का समाचार भी प्रसारित हो गया।

लेकिन वे बच गए। अभी तकलीफ के कुछ और दिन बाकी थे। कोई उनकी लम्बी उम्र की कामना करता तो वे दुखी होकर कहते, "मुझे उम्र नहीं, तन्दुरुस्ती चाहिए, जो अब एक सपना बनकर रह गई है।"

कभी वे कहते, "लम्बे समय तक धुँधले-धुँधले जलते रहने से अच्छा है एक तेज लौ में बदलकर क्षण भर में ही बुझ जाना।"

7 अक्टूबर, 1979 को उनकी यह इच्छा भी पूरी हो गई। सुबह पाँच और छह बजे के बीच वे सोए-सोए ही अपनी सब तकलीफों से, अपनी संघर्षों भरी जिन्दगी से हमेशा के लिए मुक्त हो गए।

वे एक सच्चे आदर्शवादी और क्रान्तिकारी थे। क्या उनके सपने कभी पूरे होंगे?

जवाहर लाल नेहरू

देश के पहले और सबसे लोकप्रिय प्रधानमन्त्री पंडित जवाहरलाल नेहरू 1962 में चीन के साथ युद्ध के बाद बहुत मायूस हो गए थे। पंचशील और गुटनिरपेक्षता के सिद्धान्तों में उनकी निष्ठा को बहुत गहरी ठेस लगी थी और वे अन्दर-ही-अन्दर टूट-से गए थे।

इस युद्ध में भारत की करारी हार के बाद भी वे जनता के दुलारे बने रहे थे। लोग उन्हें प्यार से 'चाचा नेहरू' कहकर बुलाते थे।

वे लगभग 74 वर्ष के हो चले थे। 14 नवम्बर, 1963 को उन्होंने जीवन के 75वें वर्ष में प्रवेश किया था। उम्र के साथ उनका चेहरा कुछ भर गया था और आँखें थोड़ी धँस गई थीं।

जनवरी 1964 में भुवनेश्वर (ओडिशा) में कांग्रेस के वार्षिक अधिवेशन के दौरान उनके शरीर के बाएँ हिस्से में लकवे का हल्का आघात हुआ। लेकिन वे जल्दी ही सँभल गए। उनकी बेटी इन्दिरा गांधी उनके साथ ही रहती थीं और उनका बहुत ध्यान रखती थीं। उन्होंने उनके इलाज के लिए रूस से कुछ डॉक्टर भी बुलवाए। फिर भी नेहरू जी की सेहत दिनोंदिन गिरती जा रही थी। इसका एक कारण यह थी था कि वे अपना काम छोड़कर आराम करने के लिए तैयार नहीं थे। इन्दिरा गांधी उन्हें डॉक्टरों की नसीहतें याद दिलातीं तो वे खीजकर कहते, "जहन्नुम में गईं उनकी नसीहतें! अगर मैं हफ्ता भर बिस्तर में पड़ा रहा तो पड़ा ही रह जाऊँगा।"

उनके काम की मेज पर कुछ अमूल्य धरोहरें मौजूद थीं—जलियाँवाला बाग से उठाकर लाई गई एक मुड़ी-तुड़ी-सी गोली, लिंकन के हाथ की कांग्रेस की आकृति और बुद्ध, लिंकन और महात्मा गांधी की मूर्तियाँ। इनके पास ही कागज का एक टुकड़ा भी पड़ा रहता था, जिस पर उन्होंने अपने हाथ से अमरीकी कवि रॉबर्ट फ्रॉस्ट की एक कविता 'माइल्ज टू गो' की कुछ पंक्तियाँ लिख रखी थीं। ये पंक्तियाँ ही उनका जीवन-मन्त्र थीं—

ये जंगल कितने प्यारे हैं, कितने घने और गहरे
पर मुझे एक वायदा निभाना है
सोने से पहले मुझे अभी मीलों जाना है
सोने से पहले मुझे अभी मीलों जाना है।

कभी-कभी वे जेल के दिनों की अपनी डायरियाँ खोलकर बैठ जाते। कभी किसी पृष्ठ पर वे देर तक अटके रहते और पुरानी यादों में खो जाते। "मेरी जवानी के कितने दिन इन जेलों में दफन हैं!" वे यादों की रहगुजर में देर तक भटकते रहते। इन्हीं डायरियों में एक जगह उन्होंने लिखा था—"मैंने चन्द्रमा के कितने रूप देखे हैं! और कितने अद्‌भुत तारे देखे हैं...अटल और भव्य।"

उनकी कई पंक्तियाँ अपने-आप में बड़ी सुन्दर कविताएँ होती थीं। देशभक्ति और राजनीति को अपना सब कुछ समर्पित कर देने के बावजूद उनका हृदय एक कलाकार का हृदय था—एक सच्चे कलाकार और एक सच्चे प्रेमी का हृदय। यही कारण था कि चीन के साथ पंचशील का सपना टूटने के कारण उन्हें इतना आघात लगा था।

अपने अन्तिम दिनों में नेहरू काफी धार्मिक हो गए थे। 1954 में दक्षिण भारत के एक मन्दिर में प्रवेश करने के लिए उन्हें अपनी कमीज उतारने के लिए कहा गया था तो उन्होंने मना कर दिया था, क्योंकि वे धार्मिक आडम्बरों में विश्वास नहीं करते थे। इसके दस वर्ष बाद 27 मई, 1964 को उनका निधन हुआ तो उनके बिस्तर के पास गीता और उपनिषदों की प्रतियाँ पाई गईं। जैसा कि उन्होंने एक बार लिखा भी था, इन ग्रन्थों में "एक सम्मोहक यथार्थ था।" उनकी नजर में ये ग्रन्थ किन्हीं दिव्य शक्तियों का सृजन न होकर ऐसे मनुष्यों द्वारा रचे गए थे जो "अत्यन्त बुद्धिमान और दूरदर्शी थे।" वे अपने ब्रीफकेस में संयुक्त राष्ट्रसंघ के चार्टर के संक्षिप्त संस्करण के साथ-साथ गीता की एक प्रति भी रखा करते थे।

एक बार ईश्वर के सम्बन्ध में एक प्रश्न के जवाब में उन्होंने कहा था, "ईश्वर को लेकर मनुष्य की धारणा हर युग में एक जैसी नहीं रही है। यह समय-समय पर बदलती रहती है। मिसाल के तौर पर 'ओल्ड टेस्टामेंट' में ईश्वर को एक निष्ठुर, क्रोधी और भयानक पिता के रूप में चित्रित किया गया है, जो मनुष्यों को उनके पापों और बुरे कामों का दंड देता है। लेकिन 'न्यू टेस्टामेंट' में ईश्वर की धारणा बदल गई और उसे प्रेम करने वाले एक दयालु पिता के रूप में चित्रित किया गया, जो हमारी भूलों को भी क्षमा कर सकता है। ईश्वर की धारणा में यह परिवर्तन मनुष्य के विकास-क्रम का एक महत्त्वपूर्ण चरण था। इसने मनुष्य की सोच को एक नया स्वरूप दे दिया।"

जीवन के बारे में नेहरूजी के विचार क्या थे? उन्होंने अपनी प्रसिद्ध पुस्तक 'भारत की खोज' (डिस्कवरी ऑफ इंडिया) में लिखा था—"जीवन एक निरन्तर

संघर्ष का नाम है—मनुष्य का मनुष्य के खिलाफ संघर्ष, मनुष्य का अपने परिवेश के खिलाफ संघर्ष; भौतिक, बौद्धिक और नैतिक स्तर पर एक ऐसा संघर्ष जिसमें से नई चीजें पैदा होती हैं, नए विचार जनमते हैं।''

नेहरू ने जो कुछ लिखा था, उस पर खुद भी अमल करते थे। इसलिए जीवन की आखिरी घड़ियों तक भी वे अपने काम में जुटे रहे, संघर्ष करते रहे। उन्होंने अपनी उम्र या बीमारियों को अपने काम में बाधा नहीं बनने दिया।

मृत्यु से सिर्फ एक सप्ताह पहले उन्होंने अपने उत्तराधिकारी के बारे में पूछे जाने पर कहा था, ''मैं इतनी जल्दी नहीं मरनेवाला।''

23 मई, 1964 को वे किसी सरकारी काम के लिए सिलसिले में इन्दिरा गांधी के साथ देहरादून के सर्किट हाउस में गए थे। वे अपनी मृत्यु से सिर्फ एक दिन पहले 26 मई को दिल्ली लौटे। किसी ने कल्पना भी नहीं की थी कि देहरादून का यह दौरा उनका आखिरी दौरा साबित होगा। देहरादून में उनकी मुलाकात अपने पुराने मित्र और महाराष्ट्र के भूतपूर्व राज्यपाल श्री प्रकाश से हुई थी। उन्होंने उनके नवनिर्मित भवन के बारे में पूछा था और जानना चाहा था कि आजकल वे कौन-सी किताबें पढ़ रहे थे। वे सेना के पोलो-ग्राउंड में भी गए थे, जहाँ शहर की जनता ने उनका भावभीनी अभिवादन किया था।

दिल्ली लौटने के बाद उन्होंने रात का भोजन किया और फिर अपने काम में व्यस्त हो गए। उन्होंने अपने निकट सहयोगी और वरिष्ठ मन्त्री गुलजारी लाल नन्दा को बताया कि उन्होंने सभी जरूरी फाइलें और कागजात निपटा दिए थे। इसके बाद वे बिस्तर में लेटकर आराम करने लगे।

वे 27 मई, 1964 की सुबह उठे तो हमेशा की तरह प्रसन्न और स्वस्थचित्त महसूस कर रहे थे। 6 बजकर 20 मिनट पर वे स्नानघर में गए। वहीं उन्हें बहुत जोर का दिल का दौरा पड़ा और वे वहीं गिर पड़े।

वे बेहोशी की हालत में कुछ देर तक वहीं पड़े रहे। हालाँकि डॉक्टरों का सख्त निर्देश था कि उन्हें अकेला न छोड़ा जाए, पर उस समय वे बिल्कुल अकेले थे। जैसा कि आखिरी घड़ियों में अक्सर होता है, उन्हें तुरन्त डॉक्टरों की मदद न मिल पाई। गांधीजी और शास्त्री जी के साथ भी ऐसा ही हुआ था। सभी व्यवस्थाएँ धरी की धरी रह जाती हैं और मरने वाला अकेला पड़ जाता है।

डॉक्टरों ने उनकी जिन्दगी बचाने की भरसक कोशिशें कीं, लेकिन सब बेकार साबित हुईं। नेहरू जी ने लगभग साढ़े 74 वर्ष की उम्र में इस दुनिया से विदा ले ली।

अपनी मृत्यु से लगभग दस वर्ष पहले 21 जून, 1954 को उन्होंने अपनी वसीयत में लिखा था—

''मुझे बचपन से ही गंगा और यमुना से बहुत लगाव रहा है। मैंने मौसमों के बदलने के साथ इनके बदलते हुए रूपों को देखा है। मैं अक्सर उन ऐतिहासिक

घटनाओं, परम्पराओं, पौराणिक गाथाओं, गीतों और कहानियों को याद करता रहा हूँ जो युगों-युगों से इनके साथ जुड़ी हुई हैं और इनके पानी में घुली हुई हैं। गंगा तो खासतौर से भारत और भारतीयता की प्रतीक रही है। यह भारतीयों की सबसे प्रिय नदी है और इसमें भारत की न जाने कितनी प्राचीन सभ्यताएँ समाई हुई हैं। सदा बदलती और सदा बहती गंगा फिर वही गंगा की गंगा है...

"गंगा मुझे याद दिलाती है हिमालय की बर्फ से ढँकी चादर की और उन गहरी घाटियों की जिनसे मुझे बेहद प्यार रहा है...और दूर-दूर तक फैले उन मैदानों की जहाँ काम करते हुए मेरी जिन्दगी गुजरी है।...मैंने सुबह की रोशनी में गंगा को मुस्कराते-खिलखिलाते और उछलते-कूदते देखा है तो उसी गंगा को शाम के साए में उदास भी देखा है। रात को काली-सी चादर ओढ़े और जाड़ों में सिमटी-सिमटी-सी गंगा। मैंने गंगा को धीरे-धीरे और मचलते हुए बहते भी देखा है और बरसात के मौसम में तूफान की तरह दहाड़ते और गरजते हुए भी...समुद्र की तरह चौड़ा सीना फुलाए अपनी अपार-शक्ति का प्रदर्शन करती हुई गंगा।

"...मैं यह दरख्वास्त कर रहा हूँ कि मेरी भस्म की एक मुट्ठी इलाहाबाद के पास गंगा में डाल दी जाए, ताकि वह उस महासागर में पहुँच सके जो हिन्दुस्तान को घेरे हुए है। मेरी भस्म के बाकी हिस्से का क्या किया जाए ? मैं चाहता हूँ कि इसे हवाई जहाज से भारत के उन खेतों में बिखेर दिया जाए जहाँ किसान दिन भर मेहनत करते हैं—ताकि वह भारत की मिट्टी में मिल जाएगा और उसका अंग बन जाए।"

नेहरू के अन्तिम संस्कार के बाद उनकी इच्छा के अनुसार उनकी अस्थियों का कुछ हिस्सा इलाहाबाद के पास गंगा में और शेष भारत के खेतों में बिखेर दिया गया। जैसा किसी कवि ने कहा है—

वो खेत में मिलेगा, खलिहान में मिलेगा
भगवान तो ऐ बन्दे इन्सान में मिलेगा

नेहरूजी इसी धारणा में विश्वास करते थे।

डॉ. राजेन्द्र प्रसाद

डॉ. राजेन्द्र प्रसाद भारत के पहले राष्ट्रपति थे। देश की जनता उन्हें प्यार से 'राजेन्द्र बाबू' कहती थी। वे गांधीजी के सच्चे अनुयायी थे और आजादी की लड़ाई से जुड़े उन देशभक्त नेताओं में शामिल थे जिनके लिए सिद्धान्त ही सब कुछ थे।

राष्ट्रपति भवन के वैभव के बीच भी राजेन्द्र बाबू बहुत सादगी भरा जीवन जीते रहे थे। उनके लिए यह सर्वोच्च पद शक्ति या अधिकारों का प्रतीक न होकर देश की सेवा करने का एक अवसर मात्र था। वे अपने मेहमानों को राष्ट्रपति भवन का वह कमरा दिखाना नहीं भूलते थे जिसमें उन्होंने बिहार की मिट्टी से लिपा-पुता एक मन्दिर बना रखा था। यह मन्दिर उनकी सादगी और आस्था का प्रतीक था।

राजेन्द्र प्रसाद मिट्टी से जुड़े हुए नेता था। खासकर बिहार की मिट्टी, जहाँ वे पले-बढ़े थे, उन्हें बार-बार अपनी तरफ खींचती थी। इसलिए राष्ट्रपति पद से निवृत्त होने के बाद उन्होंने बिहार में ही रहने का फैसला किया। अपने जीवन के अन्तिम दिन उन्होंने वहीं बिताए।

दिल्ली के मध्य राष्ट्रपति भवन में कई वर्ष बिताने के बाद राजेन्द्र प्रसाद ने पटना के बिहार विद्यापीठ में जिस घर में रहने का फैसला किया था, वह किसी झोंपड़ी से बेहतर नहीं था। बाद में जयप्रकाश नारायण की पहल पर उनके लिए एक बेहतर घर की व्यवस्था की गई। राजेन्द्र बाबू के निजी सचिव सन्त कुमार वर्मा की डायरी के पन्नों के अनुसार आन्ध्र प्रदेश के तत्कालीन मुख्यमन्त्री नीलम संजीव रेड्डी राजेन्द्र बाबू से मिलने पटना गए थे तो उनके घर की हालत देखकर रो पड़े थे। वे राजेन्द्र बाबू को अपने साथ हैदराबाद ले गए थे। लेकिन वहाँ राजेन्द्र बाबू का मन नहीं लगा और पत्नी के जोर देने पर वे जल्दी ही पटना लौट आए।

सरकार ने उनके लिए छज्जूबाग में स्थित पी.डब्ल्यू. डी. गेस्टहाउस में रहने की व्यवस्था कर दी। लेकिन राजेन्द्र बाबू अपने सिद्धान्तों के इतने पक्के थे कि वहाँ भी बिना किराया दिए रहने की लिए तैयार नहीं हुए।

राजेन्द्र प्रसाद दमा के मरीज थे। आखिरी दिनों में उन्हें बोलने या भाषण देने में तकलीफ होने लगी थी। इसके बावजूद वे देहातों का दौरा करते रहे और जनहित में

आवाज उठाते रहे। उन्हें इन दौरों के लिए रेलगाड़ी में चढ़ने और यात्राएँ करने में भी तकलीफ होती थी, लेकिन वे जन-सम्पर्क से मुँह मोड़ने के लिए राजी नहीं हुए। उन्होंने किसी तरह की सुविधाओं का इस्तेमाल करने से भी इनकार कर दिया था। वे अपनी परिश्रमी और सादगी भरी जीवन-शैली छोड़ने के लिए तैयार नहीं थे।

उनके स्वास्थ्य को देखते हुए उनके सिरहाने के पास ऑक्सीजन का सिलिंडर रखा रहता था। लेकिन जब 28 फरवरी, 1964 की सुबह उन्हें अचानक दमे का दौरा पड़ा तो यह सिलिंडर खाली पाया गया। जब तक किसी दूसरे सिलिंडर की व्यवस्था हो पाती, राजेन्द्र बाबू की साँसों की डोर टूट गई और वे कोई शिकवा-शिकायत किए बिना परलोक प्रस्थान कर गए।

राजेन्द्र बाबू को अपने दुखों को प्रकट न करने और किसी से कोई शिकायत न करने की आदत-सी पड़ गई थी। बहुत पहले, जब संविधान निर्माण के दौरान किसी सदस्य के अनुचित आरोप से आहत होकर राजेन्द्र बाबू ने अध्यक्ष का पद छोड़ने की इच्छा जताई थी तो गांधीजी ने उन्हें समझाते हुए कहा था, ''अमृत पीने वाले तो बहुत हैं, पर मेरे पास अकेले राजेन्द्र बाबू ही हैं जो जहर भी पी सकते हैं! वे जहर से डर जाएँगे तो कैसे चलेगा?''

इसके बाद राजेन्द्र बाबू चुपचाप यह जहर पीते रहे थे और मरते दम तक पीते रहे।

राजेन्द्र बाबू ने अपने सचिव वाल्मीकि सिंह से अपने अन्तिम वचन लिपिबद्ध करवाए थे, जो बाँसघाट में स्थित उनकी समाधि के शिलालेख पर अंकित हैं। उनके ये वचन, जिसे उनकी अन्तिम इच्छा भी कहा जा सकता है, इस प्रकार हैं—

''हे भगवान, तुम्हारी दया असीम है। तुम्हारी कृपा का कोई अन्त नहीं है। आज मेरे जीवन के 70 वर्ष पूरे हो रहे हैं। तुमने मेरी त्रुटियों पर ध्यान न देकर मुझ पर सदा अपनी दया की वर्षा की है। जीवन में जितना सुख पाया जा सकता है, और जिन्हें बड़प्पन के साधन समझा जाता है—वह सब तुमने मुझे विपुल मात्रा में दिया है। मैं किसी योग्य नहीं था, तो भी तुमने मुझे इतना बड़ा बनाया। तुम्हारी यह कृपा बचपन से ही मुझ पर रही है। घर में सबसे छोटा बच्चा होने के कारण मुझे माता-पिता और परिवार के दूसरे सदस्यों का अत्यधिक प्रेम मिला। पढ़ने में भी मैं जितना योग्य नहीं था, उससे कहीं अधिक यश और प्रसिद्धि मुझे बिना परिश्रम और इच्छा के अनायास ही मिल गई। घर में आर्थिक कठिनाइयाँ होते हुए भी तुमने मुझे इन कठिनाइयों का अनुभव नहीं होने दिया। देवता और देवी तुल्य ऐसे पिता और माता जो अपनी तपस्या से हमें हमेशा सुख देने का प्रयास करते रहे और हम पर प्रेम की वर्षा करते रहे। भाई ऐसा मिला जैसा शायद ही किसी को नसीब होता हो। जिसने अपनी छत्रछाया में मुझे उसी तरह सभी कष्टों और चिन्ताओं से मुक्त रखा जिस तरह कृष्ण ने गोवर्द्धन को, गोप-गोपियों को इन्द्र के कोप से सुरक्षित रखा था। जिसने मुझे इस छत्रछाया का आभास तक नहीं होने दिया कि कहीं मैं यह सोचकर दुखी

न हो जाऊँ। बच्चों को इस तरह पाला जिस तरह कोई पिता अपने बच्चों को पालता है। मैं मनमाने ढंग से अपने आदर्शों और विचारों पर चलता रहा, जिसका प्रभाव कई तरह के कष्टों के रूप में उनके जीवन पर भी पड़ा। पर उन्होंने कभी यह जाहिर नहीं होने दिया कि वे मुझसे कुछ दूसरा करवाना चाहते थे या आशा रखते थे। मुझे अपनी इच्छा और भावना के अनुसार चलने देने में ही मानों उनका सुख और आनन्द था। मैं अपने ढंग से विकसित होऊँ, ऊँचे से ऊँचा उठ सकूँ, उनका यही सबसे प्रिय स्वप्न था, जिसे उन्होंने अपने ढंग से चरितार्थ किया।

''परिवार के लोगों के अलावा संसार ने भी मुझ पर जितनी कृपा की, शायद ही किसी दूसरे पर की हो। पर यह तुम्हारे (ईश्वर के) पथ-प्रदर्शन का फल है कि किसी का भी ध्यान मेरी त्रुटियों, अयोग्यताओं या कमजोरियों की तरफ नहीं गया, और सबने मुझे न केवल आदर-सम्मान बल्कि वह यश भी दिया जिसका मैं न तो अधिकारी था और न स्वयं को इसके योग्य ही समझता था। मैं घर-परिवार में और बाहर सबके प्रेम और कृपा का पात्र बना रहा। इसलिए मुझमें कोई भी ऐसी लालसा नहीं रह गई जो किसी मनुष्य में हो सकती है। लालसा रही हो या न रही है, किन्तु तुम अनायास ही मुझे सब कुछ देते रहे हो, और देते जा रहे हो। मैं ऐसी ही दृष्टि को बनाए रखने के लिए क्या प्रार्थना करूँ? तुमने आज तक बिन माँगे ही मुझे सब कुछ दिया है। मैं जानता हूँ कि आगे भी तुम बिन माँगे ही अपनी दया बनाए रखोगे।

''घर में सती-साध्विनी पत्नी, सुशील-आज्ञाकारी लड़के-लड़कियाँ और दूसरे सगे-सम्बन्धी हमेशा हमारी ही खुशी को अपनी खुशी मानते रहे। इस अवस्था में भी मैं अपने ढंग से और अपनी इच्छानुसार जी रहा हूँ। मैं उनकी परवाह नहीं करता, उनके सुख-दुख की चिन्ता नहीं करता, फिर भी उनका प्रेम निरन्तर मुझ पर बरस रहा है। मैं इससे अधिक क्या कहूँ? बस, एक ही भीख माँगता हूँ—मेरे बचे हुए दिनों में मेरा ध्यान अपनी तरफ खींचते रहो। मैं अपने जीवन में सांसारिक दृष्टि से बहुत सफल रहा हूँ, पर आध्यात्मिक दृष्टि से तुम्हारी भक्ति की तरफ कुछ भी नहीं बढ़ पाया हूँ। पर्थ-प्रदर्शकों की कमी नहीं है। महात्माजी से बढ़कर कौन हो सकता है? उनकी भी मुझ पर असीम कृपा रही है। यदि मुझमें भक्ति की शक्ति होती तो मैं उनका सच्चा अनुयायी बन सकता था। पर मैं उनकी भगवत् शक्ति का कुछ भी अंश ग्रहण नहीं कर सका, और न ही अपने जीवन को उनके अनुरूप ढाल सका। अगर कभी वे मुझे तौलकर देखते तो यह बात समझ जाते कि मुझमें सच्चा वजन कुछ भी नहीं है। जिस प्रकार तुमने कभी भी मुझे तौलकर मेरी योग्यता के अनुसार नहीं दिया, बल्कि बिना तौले ही विपुल मात्रा में मुझे सब कुछ देते रहे—सुख-समृद्धि, धन, वंश, मित्र, सेवक इत्यादि—उसी तरह उन्होंने भी मुझे जो कुछ भी दिया, जो कुछ भी बनाया, बिना तौले ही दिया और बनाया।

''क्या अब भी तुम मुझे अपनी ओर नहीं खींचोगे? मेरे जीवन को एक सच्चा

आध्यात्मिक जीवन नहीं बनाओगे ? क्या शेष दिन भी मुझे यश और सांसारिक सुख अर्जित करने में बिताने होंगे ? मुझसे ऐसे कर्म न करवाओगे जो मुझे तुम्हारी तरफ ले जाएँ ? यदि तुम्हारी मुझ पर कृपा है तो जो कुछ मुझे आज बिना कारण मिल रहा है, उसे सार्थक बनाओ और मुझे उसका सच्चा पात्र बनाओ। पर मुझे इस सबको छोड़कर भी अपनी ओर खींचो और अपनी दया दृष्टि से मेरी आँखें खोल दो—ताकि मैं तुम्हारे सच्चे, आनन्दमय दर्शन कर सकूँ।''

दयानन्द सरस्वती

स्वामी या महर्षि दयानन्द सरस्वती भारत के एक क्रान्तिकारी सामाजिक-धार्मिक सुधारक थे। उन्होंने 'आर्य समाज' की नींव रखी और हिन्दू धर्म को अन्ध-विश्वासों और आडम्बरों से मुक्त करके उसे एक आधुनिक, तर्कपूर्ण और वैज्ञानिक स्वरूप दिया। इस उद्देश्य के लिए उन्होंने हिन्दुओं के ही सबसे प्राचीन और आधारभूत ग्रन्थों 'वेदों' की मदद ली और उनकी नए सिरे से व्याख्या की।

श्री अरविन्दों के शब्दों में, वे आधुनिक भारत के निर्माता थे।

दुर्भाग्यवश, दयानन्द सरस्वती की मृत्यु बहुत दुखद परिस्थितियों में एक तिरस्कृत और अपमानित वेश्या द्वारा जहर दिए जाने से हुई। तब वे सिर्फ उनसठ वर्ष के थे।

स्वामी दयानन्द सरस्वती का जन्म 12 फरवरी, 1824 को गुजरात के एक धनवान ब्राह्मण परिवार में हुआ था। उनका जन्म का नाम मूलशंकर तिवारी था।

बहुत छोटी उम्र से ही दयानन्द सरस्वती के मन में ईश्वर और धर्म को लेकर तरह-तरह की जिज्ञासाएँ पैदा होने लगी थीं। वे धर्म से जुड़ी प्रचलित मान्यताओं से सन्तुष्ट नहीं थे और धार्मिक रीति-रिवाजों और पाखंडों को अविश्वास की दृष्टि से देखते थे।

जब वे चौदह वर्ष के थे तो उनके पिता महाशिवरात्रि के अवसर पर उन्हें अपने साथ मन्दिर ले गए, जहाँ रात भर पूजा होने वाली थी। बालक दयानन्द ने देखा कि भगवान पर चढ़ाए गए प्रसाद को चूहे खा रहे थे। उनसे रहा नहीं गया और उन्होंने अपने पिता से पूछा कि जो भगवान अपने प्रसाद की रक्षा नहीं कर सकते, वे मनुष्यों की रक्षा कैसे करेंगे?

उनके पिता ने उन्हें डाँटकर चुप करा दिया, लेकिन दयानन्द का जिज्ञासु मन शान्त नहीं हो सका। वे घर पर और बाहर लोगों से ईश्वर और धर्म के बारे में तरह-तरह के प्रश्न पूछते रहते। ज्यादातर लोग उनके प्रश्नों से खीज जाते और उन्हें डाँटकर चुप करा देते। बालक दयानन्द मन-ही-मन सोचते रहते, लेकिन उन्हें अपने प्रश्नों का कोई उत्तर न मिल पाता।

पहले अपनी बहन और फिर चाचा की असामायिक मृत्यु ने उन्हें और झकझोर दिया। वे ईश्वर को जानने, समझने और खोजने के लिए उत्सुक हो उठे।

उन्नीस वर्ष की उम्र में जबर्दस्ती उनका विवाह करने की कोशिश की गई तो वे घर से भाग खड़े हुए। वे ईश्वर से जुड़े अपने प्रश्नों का उत्तर पाना चाहते थे, न कि घर-गृहस्थी बसाना।

घरवाले उन्हें पकड़कर और समझा-बुझाकर वापस ले आए। लेकिन चौबीस वर्ष की उम्र में वे फिर भाग खड़े हुए—इस बार कभी न लौटने के लिए।

अगले बारह वर्ष तक वे ईश्वर की खोज में जगह-जगह भटकते रहे—कभी इस मठ पर तो कभी उस मठ पर, कभी इस आश्रम में तो कभी उस आश्रम में—लेकिन उन्हें कहीं भी शान्ति या अपने प्रश्नों का समाधान नहीं मिला।

आखिर 1860 में वे मथुरा के स्वामी विराजानन्द के आश्रम में पहुँचे और मानो प्यासे को कुआँ मिल गया। स्वामी विराजानन्द के आश्रम में पहुँचे और मानो प्यासे को कुआँ मिल गया। स्वामी विराजानन्द नेत्रहीन थे, लेकिन उनके पास अद्‌भुत अन्तर्दृष्टि और ज्ञान था। दयानन्द को उनके पास अपने सभी प्रश्नों का समाधान मिल गया। उन्होंने विराजानन्द को अपना गुरु बना लिया, जिन्होंने अपने इस नए शिष्य मूलशंकर तिवारी को 'दयानन्द' का नया नाम दिया।

दयानन्द लगभग ढाई वर्ष तक स्वामी विराजानन्द के पास रहे। विराजानन्द ने उनकी शिक्षा की शुरुआत करते हुए कहा था, "तुम्हारे पास जितनी भी पोथियाँ (किताबें) हैं, सब फेंक दो और नए सिरे से नई तख्ती पर शुरू करो। सीधे वेदों से सीखो! दूसरे स्रोतों में सर खपाने की क्या जरूरत है?"

स्वामी विराजानन्द ने उन्हें सीधे वेदों से सिखाया। दयानन्द की समझ में आया कि वेदों में वास्तव में क्या लिखा हुआ था और स्वार्थसिद्धि में लिप्त पंडित ब्राह्मण इनकी कितनी गलत व्याख्याएँ करते रहते थे।

ढाई वर्ष की शिक्षा पूरी हो जाने के बाद स्वामी विराजानन्द ने दयानन्द से कहा, "तुम्हारी शिक्षा पूरी हुई। अब तुम पूरे भारत में घूम-घूमकर इस शिक्षा का प्रचार करो। यही मेरी गुरु-दक्षिणा है।"

गुरु की आज्ञा का पालन करते हुए दयानन्द सरस्वती ने अपनी शिक्षा का प्रचार शुरू कर दिया। उन्होंने वेदों का संस्कृत से हिन्दी में अनुवाद किया, ताकि आम जनता खुद इन्हें पढ़कर हिन्दू धर्म के बारे में जान सके। उन्होंने अपनी सबसे चर्चित पुस्तक 'सत्यार्थ प्रकाश' समेत लगभग साठ पुस्तकों की रचना की। इन पुस्तकों में अन्ध-विश्वासों और धार्मिक आडम्बरों का विरोध करके हिन्दू धर्म के वास्तविक पहलुओं पर प्रकाश डाला गया था।

दयानन्द सरस्वती ने अन्य सभी प्रचलित धर्मों—इस्लाम, ईसाई धर्म, जैन धर्म, बौद्ध धर्म और सिख धर्म इत्यादि—का भी गहराई से अध्ययन करके उनका तर्कपूर्ण

और वैज्ञानिक विश्लेषण प्रस्तुत किया। उन्होंने हिन्दू धर्म को किसी विशेष पन्थ, सम्प्रदाय या क्षेत्र से ऊपर उठाकर एक विश्व और मानव धर्म के रूप में प्रस्तुत करने का प्रयास किया।

वे हिन्दू धर्म में व्याप्त विकृतियों से अत्यन्त खिन्न थे और इन्हें दूर करके हिन्दू धर्म को एक नैतिक, तर्कपूर्ण और आधुनिक स्वरूप देना चाहते थे। वे मूर्ति-पूजा के भी विरोधी थे।

दयानन्द सरस्वती ने पूरे देश का भ्रमण करने के बाद 1875 में बम्बई में 'आर्य समाज' की स्थापना की। पूरे उत्तर भारत में आर्य समाज का प्रभाव बड़ी तेजी से फैला, खासकर उत्तर प्रदेश, राजस्थान और पंजाब में। पंजाब में तो 'आर्य समाज' एक अत्यन्त महत्त्वपूर्ण सामाजिक और राजनीतिक आन्दोलन बन गया। इसी तरह गुजरात में भी आर्य समाज का व्यापक प्रभाव पड़ा।

दयानन्द सरस्वती ने धार्मिक पाखंडों और आडम्बरों की बजाय नैतिकता और सद्‌गुणों पर जोर दिया, जो मनुष्य को ईश्वर और सच्चे धर्म की ओर ले जाते थे। उन्होंने स्त्रियों के लिए समान अधिकारों और शिक्षा पर जोर देने के साथ-साथ विधवा-पुनर्विवाह का भी समर्थन किया। उन्होंने बाल-विवाह, दहेज और सती-प्रथा जैसी कुरीतियों का घोर विरोध किया।

'आर्य समाज' ने जगह-जगह लड़कों और लड़कियों के लिए स्कूल स्थापित किए। लाहौर का दयानन्द एंग्लो-वेदिक स्कूल न सिर्फ पंजाब का एक प्रमुख शिक्षा संस्थान बन गया, बल्कि उसने देश के सभी शिक्षा-संस्थानों के लिए एक आदर्श प्रस्तुत किया। समाज ने कुछ जगह गुरुकुलों की स्थापना भी की, जो प्राचीन आश्रमों की पद्धति के अनुसार चलते थे।

दयानन्द सरस्वती ने अपना पूरा जीवन एक योगी और संन्यासी के रूप में बिताया था। लेकिन वे दूसरों को वैराग्य या ब्रह्मचर्य की सलाह नहीं देते थे। उनका मानना था कि मनुष्य सांसारिक जीवन बिताते हुए भी अपने धर्म का पालन कर सकता था।

''मोक्ष प्राप्त करने के लिए घर-संसार छोड़ना जरूरी नहीं है,'' वे अपने अनुयायियों से कहते थे, ''तुम सांसारिक सुख भोगते हुए भी अपने शुभ कर्मों और समाज-सेवा से मोक्ष प्राप्त कर सकते हो।''

उनका मानना था कि धर्म का सम्बन्ध ऊँचे नैतिक चरित्र और सद्‌कर्मों से था, न कि 'बगल में छुरी मुँह में राम' से।

उन्हें इस बात का बहुत गहरा दुख था कि हिन्दू धर्म इतना महान और पवित्र धर्म होते हुए भी अपने ही देश में एक विकृत रूप ले चुका था, भ्रष्ट हो चुका था और स्वार्थ सिद्धि में लिप्त पंडित-ब्राह्मणों के शोषण का साधन बन चुका था। हिन्दू धर्म को इन विकृतियों से उबारने के लिए ही उन्होंने इतनी सारी पुस्तकें लिखीं और 'आर्य समाज' की स्थापना की।

लेकिन बहुत से पंडितों-ब्राह्मणों को उनकी ये क्रान्तिकारी बातें पसन्द नहीं आईं और वे उनके घोर विरोधी बन गए।

पर दयानन्द सरस्वती के प्रशंसकों और भक्तों की भी कमी नहीं थी। इन प्रशंसकों में कई बड़े-बड़े नेता, अंग्रेज अधिकारी और राजा-महाराजा भी शामिल थे।

जोधपुर के महाराजा भी उनसे अत्यधिक प्रभावित थे। 1883 में दिवाली के अवसर पर उन्होंने दयानन्द सरस्वती को बड़ी श्रद्धा से अपने महल में आमन्त्रित किया। उन्होंने सपने में भी नहीं सोचा था कि उनका यह महल एक योगी की मृत्यु का द्वार साबित होगा और उनकी एक मुँहलगी छिनाल एक जहरीली नागिन बनकर उनके प्राण ले लेगी।

दयानन्द सरस्वती अपने कुछ शिष्यों के साथ जोधपुर पहुँचे तो महाराजा ने बड़ी श्रद्धा से उनका आदर-सत्कार किया। उन्हें स्वामीजी की व्यावहारिक बातें बड़ी अच्छी लगती थीं। वे धर्म के नाम पर ऊँचे चरित्र, नैतिकता और मानवीयता की बात करते थे, न कि अन्ध-विश्वासों और ढकोसलों की। वे सांसारिकता के भी खिलाफ नहीं थे। उलटे वे यह शिक्षा देते थे कि मनुष्य को मोक्ष-प्राप्ति की चिन्ता करने की बजाय ईमानदारी और सच्चाई से अपना सांसारिक धर्म निभाना चाहिए, अपने चरित्र का निर्माण करना चाहिए और मानवता की सेवा करनी चाहिए। मोक्ष-प्राप्ति का यही सही रास्ता है।

लेकिन महाराजा स्वामीजी की तरह कोई योगी-संन्यासी नहीं थे। वे न केवल एक सांसारिक व्यक्ति थे बल्कि एक रियासत के राजा भी थे। उन्हें दुनिया भर के ऐश्वर्य और भोग-विलास आसानी से उपलब्ध थे। वे स्वामीजी द्वारा बताए गए रास्ते पर चलना चाहते थे, लेकिन अभी अपनी मानवीय दुर्बलताओं से पूरी तरह मुक्त नहीं हो पाए थे।

दिवाली के अवसर पर उनकी एक मुँहलगी तवायफ नन्ही जान उनसे मिलने चली आई तो महाराजा महल में स्वामीजी की उपस्थिति के बावजूद उसके साथ प्रणय-लीला के लोभ को नहीं दबा पाए।

संयोग से, स्वामीजी उसी समय उनसे मिलने उनके कक्ष में चले आए जब वे नन्ही जान के साथ रास-लीला में मग्न थे। स्वामीजी के क्रोध की कोई सीमा नहीं रही। उन्होंने महाराज को तो डाँटा-फटकारा ही, साथ ही नन्ही जान पर भी बुरी तरह बरसते हुए उसे उसी समय महल से चले जाने के लिए कहा।

कहते हैं कि तिरस्कृत और अपमानित नारी किसी नागिन से कम नहीं होती। नन्ही जान की भी यही हालत थी और वह प्रतिशोध की आग में सुलग रही थी। अपने अपमान का बदला लेने के लिए, उसने महल के एक रसोइए को बहला-फुसलाकर स्वामी दयानन्द सरस्वती के दूध में जहर मिलाने के लिए राजी कर लिया।

स्वामीजी ने यह जहर मिला दूध पीया और कुछ ही क्षणों बाद उनके सीने में असहनीय जलन होने लगी। वे समझ गए कि उन्हें जहर दिया गया है। उन्होंने अपने योग-तप और योग-विद्या से इस जहर को शरीर से बाहर निकालने की कोशिश की। जहर का असर कुछ कम तो हुआ, लेकिन इतना नहीं कि आसन्न मृत्यु को टाला जा सके।

महाराज ने उनकी जान बचाने के लिए हर तरफ से हकीम-वैद्य बुलाए, लेकिन स्वामीजी की तबीयत बिगड़ती ही चली गई।

स्वामीजी को मृत्यु-शैय्या पर तड़पते देखकर महल का रसोइया उनके चरणों में गिर पड़ा। उसने रोते-रोते स्वीकार किया कि नन्ही जान के कहने पर उसने ही उनके दूध में जहर मिलाया था।

"तुमने अपना अपराध स्वीकार करके अपने पाप का प्रायश्चित कर लिया है," स्वामीजी ने उसे क्षमा करते हुए कहा। "इससे पहले कि महाराज को इस बात का पता चले और वे तुम्हें मृत्युदंड दें, तुम यहाँ से भागकर अपनी जान बचा लो! तुम्हारी जान लेने से मेरे प्राण वापस नहीं लौट सकते।"

मृत्यु-शैय्या पर भी स्वामीजी की यह उदारता देखकर उनके शिष्य दंग रह गए।

30 अक्टूबर, 1883 को स्वामी दयानन्द सरस्वती ने अपने प्राण त्याग दिए।

एक तिरस्कृत और दुष्ट वेश्या एक महान योगी के प्राण लेने में सफल हो गई थी।

दयानन्द सरस्वती का 'सत्यार्थ प्रकाश' और आर्य समाज आज भी न सिर्फ हिन्दुओं बल्कि पूरी मानवता का मार्गदर्शन कर रहा है।

दीनबन्धु एंड्रूज

दीनबन्धु एंड्रूज एक ऐसे अंग्रेज थे जिन्होंने महात्मा गांधी के कन्धे से कन्धा मिलाकर भारत के स्वतन्त्रता आन्दोलन में हिस्सा लिया था। उनका पूरा नाम चार्ल्स फ्रीयर एंड्रूज था। महात्मा गांधी और गुरुदेव रवीन्द्रनाथ टैगोर उन्हें प्यार से 'चार्ली' कहा करते थे।

1871 में जनमें एंड्रूज लगभग तैंतीस वर्ष की उम्र में, 1904 में, एक ईसाई मिशनरी के रूप में भारत आए थे, जिसके बाद वे लगभग यहीं के होकर रह गए। वे बचपन से ही धार्मिक प्रवृत्ति के थे और दीन-दुखियों की सेवा और मानवतावाद को ही अपना सच्चा धर्म मानते थे।

वे पहले दादाभाई नौरोजी और फिर रवीन्द्रनाथ टैगोर के सम्पर्क में आए। 1914 में वे गोपाल कृष्ण गोखले के साथ डर्बन गए और गांधीजी से मिले। अगले वर्ष गांधीजी भारत लौटे तो चार्ल्स एंड्रूज उनके प्रबल समर्थक और सहयोगी बन गए।

लेकिन एंड्रूज सिर्फ भारत में ही नहीं टिके रहते थे। दुनिया के किसी भी कोने में दीन-दुखियों का दर्द उन्हें अपनी ओर खींच लेता था। फिजी में दीन-दुखियों की दिन-रात सेवा करने के बाद ही उन्हें 'दीनबन्धु' के नाम से पुकारा जाने लगा था।

दीनबन्धु एंड्रूज भारत में आमतौर से गुरुदेव टैगोर के 'शान्ति निकेतन' में रहा करते थे। वे टैगोर को अपना गुरु मानते थे और उन्हें 'गुरुदेव' कहकर पुकारते थे।

दीनबन्धु एंड्रूज दो बार ऑल इंडिया ट्रेड यूनियन कांग्रेस के अध्यक्ष भी चुने गए।

अपने अन्तिम दिनों में दीनबन्धु पेचिश के शिकार हो गए थे। उन दिनों पेचिश और चेचक को प्राणघातक बीमारियाँ माना जाता था। अप्रैल 1904 में, लगभग 70 वर्ष की उम्र में, वे इसी बीमारी से चले बसे।

दरअसल मार्च से सितम्बर के महीनों के बीच वे कलकत्ता जाने से कतराया करते थे। उन्हें यह डर लगता रहता था कि वहाँ की गर्मियों में वे बीमार पड़ जाएँगे।

लेकिन उस वर्ष उन्हें किसी कारणवश कलकत्ता जाना पड़ गया और वे सचमुच ही बीमार हो गए। उन्हें शहर के एक जनरल अस्पताल में यूरोपियन वार्ड में दाखिल करवाया गया, लेकिन उनकी तबीयत बिगड़ती चली गई।

महात्मा गांधी उनसे मिलने आए। वे लाला गिरधारीलाल को उनकी सेवा की जिम्मेदारी छोड़कर वापस लौट गए। इसके बाद भी वे उन्हें पत्र लिखकर उनका हालचाल पूछते रहे।

डॉक्टरों को दीनबन्धु एंड्रूज के प्रोस्टेट ग्लांड के ऑपरेशन की जरूरत महसूस हो रही थी। लेकिन 70 वर्ष की उनकी उम्र को देखते हुए यह ऑपरेशन खतरनाक भी हो सकता था। इसलिए एक आसान ऑपरेशन करके काम चलाने की कोशिश की गई। लेकिन इसका उल्टा असर हुआ और उनकी हालत और बिगड़ती चली गई। वे बार-बार बेहोश होने लगे। कमजोरी इतनी ज्यादा हो गई कि वे बोल भी नहीं पाते थे। कान को उनके होंठों के पास ले जाकर ही कुछ सुनाई पड़ता था।

उनकी तबीयत थोड़ी सँभलती तो वे कभी 'गुरुदेव', कभी 'बापू' और कभी अपनी बहन को याद करते, जो लन्दन में थीं। कभी वे पूछते, "क्या घनश्यामदास (बिड़ला) आए थे?" या फिर "क्या जुगल किशोर बिड़ला भी आए हैं? उनसे कहना मुझसे बात करके जाएँ।" इसी तरह वे कभी 'रामानन्द बाबू' तो कभी 'भागीरथ कानोडिया' को याद करते। इन सभी लोगों के साथ उनके बहुत घनिष्ठ सम्बन्ध रहे थे।

डॉक्टरों ने उनके प्रोस्टेट ग्लांड का ऑपरेशन करने का फैसला किया, क्योंकि इसके बिना कोई चारा न था। महात्मा गांधी को जब यह बात पता चली तो उन्होंने दीनबन्धु को एक तार भेजकर लिखा—"हम सब ऑपरेशन के सफल होने के लिए प्रार्थना कर रहे हैं? प्यारे—मोहन।" गांधीजी अपने 'चार्ली' को पत्र लिखते समय हमेशा अपना पहला नाम 'मोहन' लिखा करते थे।

30 मार्च को जब कुछ लोग अस्पताल में दीनबन्धु के चित्र खींचने आए तो उन्होंने मना कर दिया। ऑपरेशन के लिए उनकी दाढ़ी-मूँछें साफ कर दी गई थीं और वे पहचान में नहीं आ रहे थे। उन्होंने कहा कि वे नहीं चाहते थे कि लोग उन्हें इस रूप में देखें।

वे गांधीजी के तार को बार-बार दिखाने के लिए कहते थे। उन्होंने अपना इलाज कर रहे डॉक्टरों से कहा, "गांधीजी अनशन कर रहे थे तो उनकी बिगड़ती तबीयत को देखकर मैंने उन्हें डॉक्टरों से जाँच करवाने के लिए कहा था। तब वे मुझे टोकते हुए बोले थे, 'चार्ली, क्या तुम्हें ईश्वर पर विश्वास नहीं रहा? उस बड़े डॉक्टर का ख्याल करो।' आज मैं खुद भी उस बड़े डॉक्टर का ख्याल कर रहा हूँ। वह बड़ा डॉक्टर जो भी करेगा, ठीक ही करेगा। अगर मैं मर भी जाता हूँ तो यह भी ठीक ही होगा, भारत और संसार के हित में होगा।"

कुछ लोगों ने दीनबन्धु एंड्रूज को विदेश जाकर इलाज करवाने की सलाह दी थी। लेकिन वे नहीं माने थे। "मैं भारत से दूर जाकर नहीं मरना चाहता," उन्होंने कहा था, "मैं यहीं मरना चाहता हूँ।"

सचमुच, उन्हें भारत की मिट्टी से बेहद प्यार था। इस मिट्टी और यहाँ के लोगों की सेवा में ही उन्होंने अपना पूरा जीवन झोंक दिया था। तो फिर जीवन की आखिरी घड़ियों में वे इस मिट्टी से दूर होना कैसे पसन्द करते?

गांधीजी के साथ और अकेले भी, उन्होंने देश का कोना-कोना छाना था। जहाँ भी दीन-दुखियों को उनकी जरूरत होती, वे सभी बाधाएँ पार करके झट से वहाँ पहुँच जाते थे और दीन-दुखियों की सेवा में जुट जाते थे।

लेकिन अब सब लोग उनकी सेवा में लगे हुए थे। उनका मन तो नहीं हारा था, पर तन हार गया था, शरीर जवाब दे गया था। वे जानते थे कि अब उनका इलाज 'बड़े डॉक्टर' (ईश्वर) के अलावा और किसी के पास नहीं था।

3 अप्रैल, 1940 को वे अचानक और चुपके-से उसी 'बड़े डॉक्टर' के पास, उसी ईश्वर के पास चले गए। मानो उन्हें अपने सेवकों को, डॉक्टरों और नर्सों को ज्यादा दिन तकलीफ देना भी गवारा नहीं था!

बटुकेश्वर दत्त

बटुकेश्वर दत्त असेम्बली बम कांड में भगत सिंह के साथी थे। इस अपराध के लिए दोनों को उम्रकैद की सजा सुनाई थी। लेकिन बाद में भगत सिंह, सुखदेव और राजगुरु पर अंग्रेज पुलिस अधिकारी सांडर्स की हत्या का मुकदमा भी चलाया गया और इन तीनों को फाँसी की सजा सुनाई गई।

भगतसिंह 23 मार्च, 1931 को अपने दोनों साथियों के साथ फाँसी के फंदे पर झूलकर हमेशा के लिए अमर हो गए। उस समय बटुकेश्वर दत्त अंडमान में काला पानी के कठिन जीवन की यातनाएँ झेल रहे थे। भगत सिंह मरने से पहले उनके नाम अपने पत्र में कह गए थे—"तुम्हें जिन्दा रखकर दुनिया को यह दिखा देना है कि क्रान्तिकारी अपने आदर्शों के लिए सिर्फ मर ही नहीं सकते, बल्कि जिन्दा रहकर हर तरह की यातनाओं का सामना भी की सकते हैं।"

कभी-कभी बटुकेश्वर दत्त इतने निराश हो जाते थे कि मौत की कामना करते थे। तब उन्हें भगत सिंह के ये शब्द याद आते थे और वे मरने के ख्याल को अपने दिल से निकाल देते थे।

उन्हें भगत सिंह और अपने दूसरे क्रान्तिकारी साथियों के साथ गुजरे दिन याद आते थे। वे सब एक नई दुनिया, एक नए समाज के सपने देखा करते थे—एक ऐसा समाज जहाँ मनुष्य अन्याय, भेदभाव, घृणा, लालच का स्वार्थ-भावना का शिकार न हो; जहाँ मानवतावाद, समानता और स्वतन्त्रता सबसे ऊँचे मूल्य हों।

क्रान्तिकारी व्यक्तिगत हितों और स्वार्थों में विश्वास नहीं करते थे। मिल-बाँटकर रहना और जीना ही उनके जीवन का आदर्श था। उनकी कोई भी चीज निजी या व्यक्तिगत नहीं होती थी। वे कपड़े भी नहीं जो उन्होंने अपने शरीर पर पहन रखे होते थे। भगत सिंह या सुखदेव द्वारा पहने गए कपड़े किसी दूसरे दिन कोई दूसरा साथी भी पहन सकता था। कई बार क्रान्तिकारियों के पास पैसे नहीं होते थे तो वे दिन में एक ही समय भोजन करते थे, या भूखे भी रहते थे, लेकिन अपने ऊँचे मूल्यों या आदर्शों के साथ समझौता नहीं करते थे।

इस तरह के दिन देख चुके और अंडमान की जेल में भी इसी तरह के सपने

बुनते रहने वाले बटुकेश्वर दत्त के लिए आजादी की सुबह ढेरों अपेक्षाएँ लेकर आई थीं।

हाँ, वे उन थोड़े-से भाग्यशाली क्रान्तिकारियों में से थे जिन्हें 15 अगस्त, 1947 को देश को आजाद होते देखने का अवसर मिला था। वे कुछ समय पहले रिहा कर दिए गए थे और उन्हें उम्मीद थी कि अंग्रेजों के जाने के बाद उन्हें अपने और अन्य क्रान्तिकारियों के सपनों का भारत आकार लेता दिखाई देगा।

लेकिन अफसोस, आजादी के उत्साह और एक नए राष्ट्र के सामने आने वाली कठिन चुनौतियों को देखते हुए देश बहुत-से अन्य स्वतन्त्रता सैनानियों की तरह अपने क्रान्तिकारियों की खबर लेने में भी असफल रहा।

भगत सिंह अपने देशवासियों में क्रान्ति की लौ जलाने के लिए फाँसी पर झूल गए थे। लेकिन उनके एक घनिष्ठ सहयोगी और असेम्बली बम कांड के उनके साथी बटुकेश्वर दत्त आजादी की सुबह भी जीवित थे। खुद भगत सिंह ही उन्हें जेल की काल-कोठरियों में घुट-घुटकर जीने और सभी तरह की यातनाओं का हिम्मत से सामना करने का पाठ पढ़ा गए थे। वे उन्हें जीवित रहना सिखा गए थे।

लेकिन क्या एक नए स्वतन्त्र भारत के राजनीतिक नेताओं ने इस जीवित बच गए क्रान्तिकारी का यथोचित सम्मान किया ? क्या उन्होंने बटुकेश्वर दत्त को सार्वजनिक तौर पर सम्मानित करके उन्हें सरकार या किसी अन्य समाज-सेवी संस्था में कोई सम्मानजनक पद दिया ?

भगत सिंह आजादी से 16 वर्ष पहले फाँसी के फँदे पर झूल गए थे, जबकि बटुकेश्वर दत्त आजादी के 18 वर्ष बाद तक जीवित रहे। लेकिन देश के कर्ताधर्ताओं को उनकी देशभक्ति, उनके बलिदान का सम्मान करने की फुर्सत नहीं मिली। वे हर वर्ष 23 मार्च, 1931 को भगत सिंह के शहीद दिवस पर उनकी समाधि पर फूल चढ़ाते रहे, उनकी जय-जयकार करते रहे, लेकिन उन्हें उन्हीं के एक जीवित साथी बटुकेश्वर दत्त की सुध लेने की फुर्सत नहीं मिली।

बटुकेश्वर दत्त जब लाहौर की सेन्ट्रल जेल में थे तो भारतीय कैदियों के साथ हो रहे भेदभाव और अन्याय की शिकायत करते रहते थे। उनका कहना था कि चोरी या कत्ल करने वाले किसी अंग्रेज अपराधी को डबल रोटी और मक्खन दिया जाता था, जबकि देशभक्त भारतीय कैदियों को सूखी रोटियाँ दी जाती थीं। वे चाहते थे कि उन जैसे कैदियों के साथ राजनीतिक कैदियों जैसा व्यवहार किया जाए और उन्हें जेल में बेहतर सुविधाएँ दी जाएँ।

लेकिन स्वतन्त्र भारत में देशभक्तों के साथ हो रहे अन्याय की वे किससे शिकायत करते ?

अपने देशप्रेम की खातिर अपनी युवावस्था के स्वर्णिम पन्द्रह-सोलह वर्ष जेलों में बिता देने वाले बटुकेश्वर दत्त को स्वतन्त्र भारत में आजीविका के लिए तरह-

तरह के पापड़ बेलने पड़े। डबलरोटी और बिस्कुट बनाने की फैक्ट्री से लेकर एक टूरिस्ट एजेंट के रूप में और एक परिवहन सेवा में काम करने तक। वे एक सिगरेट कम्पनी में भी प्रतिनिधि रहे।

कभी-कभी वे सोचते थे कि क्या आजादी का मतलब कुर्सियों पर गोरे साहबों की जगह भूरे साहबों का बैठ जाना था। क्या भगत सिंह इसीलिए गांधीजी और कांग्रेस के रास्ते को पसन्द नहीं करते थे और एक बड़ी क्रान्ति की बात करते थे?

आजाद भारत में गर्दिशों के दिनों का सामना करते हुए कभी-कभी उनके मन में यह बात भी उठती रही होगी कि कितना अच्छा होता अगर अपने साथियों भगत सिंह, सुखदेव और राजगुरु के साथ वे भी फाँसी पर चढ़ जाते। कम-से-कम उन्हें ये दिन तो न देखने पड़ते।

जीवन के अन्तिम वर्षों में बटुकेश्वर दत्त कैंसर के शिकार हो गए तो उनकी मुसीबतें और भी बढ़ गईं। उनके पास इलाज के लिए भी पैसे नहीं थे।

लेकिन पटना के एक सरकारी अस्पताल में उनके दाखिले के बाद पूरा देश एक बार फिर यह सोचने पर मजबूर हो गया कि क्या उसने अपने एक स्वतन्त्रता वीर के साथ ठीक व्यवहार किया था?

उनके इलाज में उदासीनता और लापरवाही की खबरें छपने लगीं तो यह मुद्दा एक राजनीतिक मुद्दा बन गया। पंजाब सरकार ने बिहार के मुख्यमन्त्री को एक हजार रुपए का चेक भेजते हुए लिखा कि यदि बिहार सरकार उनका इलाज करवाने में असमर्थ हो, तो पंजाब सरकार दिल्ली या चंडीगढ़ में उनके इलाज का पूरा खर्चा उठाने के लिए तैयार थी।

इसके बाद पटना मेडिकल कॉलेज के ख्याति प्राप्त चिकित्सक डॉ. मुखोपाध्याय की देख-रेख में उनका ठीक से इलाज तो होने लगा, लेकिन उनकी तबीयत ने सँभलने का नाम नहीं लिया।

नवम्बर 1964 में बेहतर इलाज के लिए उन्हें दिल्ली लाया गया तो उन्होंने बड़े भावुक मन से पत्रकारों से कहा था, "मैंने सपने में भी नहीं सोचा था कि जिस दिल्ली में मैंने असेम्बली में बम फेंका था, वहाँ किसी दिन मुझे स्ट्रेचर पर लेटकर आना होगा!"

उन्हें कमर से पीठ तक असहनीय दर्द हो रहा था। वे बिस्तर से उठकर बैठ पाने की स्थिति में भी नहीं थे। फिर भी वे बड़ी हिम्मत से अपनी तकलीफ को झेलते हुए मिलने आने वालों से आजादी की लड़ाई के दिनों की और क्रान्तिकारियों की बातें करते रहते थे। प्रधानमन्त्री लालबहादुर शास्त्री और पंजाब के मुख्यमन्त्री प्रताप सिंह भैरो भी दिल्ली के अस्पताल में उनसे मिलने पहुँचे थे।

भगत सिंह की माँ विद्यावती को अपने शहीद बेटे के मित्रों से बेहद प्यार था। खुद भी बीमार होने के बावजूद वे दिल्ली आईं और बटुकेश्वर दत्त से मिलीं। उन्होंने

कहा कि वे बटुकेश्वर दत्त में अपने बेटे का ही रूप देखती थीं। एक पुस्तक के विमोचन समारोह में उन्होंने उनकी सहायता के लिए कुछ धनराशि भी इकट्ठी की।

बटुकेश्वर दत्त की कमर का हिस्सा सुन्न हो गया था। वे ऐसी अवस्था में पहुँच चुके थे जब सभी तरह के इलाज निरर्थक हो जाते हैं, जब दवा की बजाय दुआ का सहारा रह जाता है। अर्द्ध बेहोशी की हालत में वे 'माँ माँ' पुकारते रहते थे।

विद्यावती को उनकी बिगड़ती हालत का पता चला तो वे एक बार फिर पंजाब से दिल्ली चली आईं। उन्होंने जिद्द की कि वे उनका बिस्तर बटुकेश्वर दत्त के कमरे में ही उनके बिस्तर के पास लगा दिया जाए। राष्ट्रपति डॉ. राधाकृष्णन और पंजाब के मुख्यमन्त्री उनसे मिलने पहुँचे तो बटुकेश्वर दत्त ने अपनी अन्तिम इच्छा बताते हुए कहा कि उनका दाह-संस्कार पंजाब के फिरोजपुर में उनके मित्र भगत सिंह की समाधि की बगल में कर दिया जाए।

20 जुलाई, 1965 को बटुकेश्वर दत्त ने अपने सभी कष्टों से मुक्ति पाते हुए इस दुनिया को अलविदा कर दिया।

उनके पार्थिव शरीर को पूरे सम्मान के साथ फिरोजपुर ले जाया गया, जहाँ भगत सिंह की समाधि के पास उनका अन्तिम संस्कार कर दिया गया। उनकी शवयात्रा में हजारों की भीड़ थी। लोग नारे लगाकर और देशभक्ति के गीत गाकर उन्हें अपनी अन्तिम श्रद्धांजलि अर्पित कर रहे थे।

इस शवयात्रा में बटुकेश्वर की पत्नी अंजलि, बेटी भारती और भगत सिंह की माँ विद्यावती भी शामिल थे।

उस समय बहुत-से लोगों के दिलों में एक ही बात थीं—काश, देश में इस वीर क्रान्तिकारी के प्रति अपनी कृतज्ञता को थोड़ा व पहले महसूस कर लिया होता! तो वे एक बेहतर जिन्दगी जी पाते और शायद समय रहते उनका इलाज हो जाता!

लेकिन शायद शहीदों की यही परम्परा रही है—

शहीदों की चिताओं पर लगेंगे हर बरस मेले
वतन पर मरने वालों का यही बाकी निशां होगा।

बहादुर शाह जफर

बहादुर शाह जफर मुगल वंश के लम्बे शासन-काल की आखिरी कड़ी थे। यूँ वे सिर्फ कहने भर के लिए ही सम्राट थे। वे अंग्रेजों के हाथों की कठपुतली मात्र थे और उनकी सत्ता दिल्ली के लाल किले की दीवारों तक सीमित थी। उन्हें अपने खर्चों के लिए अंग्रेजों से पेंशन मिलती थी।

उन्हें बहादुर शाह जफर द्वितीय के नाम से भी जाना जाता है। उनके दादा शाह आलम और पिता अकबर द्वितीय भी अंग्रेजों के पेंशन-भोगी सम्राट रह चुके थे। 1757 में प्लासी और 1764 में बक्सर के युद्ध में विजय के बाद अंग्रेजों की शक्ति निरन्तर बढ़ती रही थी। उन्नीसवीं सदी की शुरुआत होते-होते उन्होंने लगभग भूरे भारत में पाँव जमा लिए थे। 1803 में दिल्ली पर भी उनका कब्जा हो गया था। इसी के बाद बहादुर शाह जफर के दादा शाह आलम को अंग्रेजों से पेंशन मिलने लगी थी।

यह अंग्रेजों की बड़ी अच्छी चाल थी। एक तरह से उन्होंने भारतीय राजाओं को उन्हीं के पैसों से उन्हीं के किलों में बन्द करके रख दिया था—इस शर्त पर कि वे देश पर हुकूमत करने में 'कम्पनी बहादुर' (अंग्रेजों की ईस्ट इंडिया कम्पनी) का साथ देंगे।

यह भी एक दिलचस्प तथ्य है कि बहादुर शाह जफर और महारानी विक्टोरिया लगभग एक ही समय में सिंहासन पर बैठे थे—1837 में। विक्टोरिया 20 वर्ष की थीं जबकि बहादुर शाह 62 वर्ष के। एक युग खत्म हो रहा था तो दूसरा शुरू।

फिर भी, लाल किले की दीवारों के भीतर ही सही, बहादुर शाह जफर मुगल साम्राज्य के आखिरी वारिस थे। किले के अन्दर अब भी उसी तरह से दरबार लगता था। बादशाह के पधारने पर दरबारी और दूसरे लोग उसी तरह से झुककर सलाम करते थे। सब कायदे-कानून पहले जैसे ही थे। बेगमें उसी तरह से पर्दा करती थीं, उसी तरह से सभी तीज-त्योहार भी मनाए जाते थे, हिन्दू और मुस्लिम दोनों ही।

एक तरह से बहादुर शाह जफर को एक दुर्भाग्यशाली बादशाह कहा जा सकता है। वे ऐसे समय में राज-सिंहासन पर बैठे थे जब राज लगभग खत्म हो चुका था।

चारों तरफ अराजकता फैली हुई थी। बादशाह के खून में तो बादशाहत थी, लेकिन उनके बाजुओं में इस बादशाहत को सँभालने की ताकत नहीं थी। यूँ भी वे ऐसी ढलती उम्र में गद्दी पर बैठे थे जब व्यक्ति की महत्त्वाकांक्षाएँ लगभग खत्म हो जाती हैं।

बहादुर शाह जफर स्वभाव से भी एक बादशाह कम और एक फकीर ज्यादा थे। उन्हें राजपाठ की बजाय साहित्य, दर्शन और आध्यात्मिक चिन्तन से लगाव था। वे बड़ी ऊँची कोटि के शायर थे। उनकी शायरी का स्तर जौक और गालिब की शायरी से किसी कदर भी कम नहीं था, पर शासक एक बादशाह होने के कारण उनका यह हुनर भी इतिहास में नजरअंदाज होकर रह गया। उनकी कुछ पंक्तियाँ देखिए—

दिया अपनी खुदी को जो हमने मिटा
वह जो परदा-सा बीच में था, न रहा
रहे परदे में अब न वह परदानशीं
कोई दूसरा उसके सिवा न रहा

लाल किले में कुछ और हो न हो, पर शेरो-शायरी की महफिलें जरूर जुटती रहती हैं। बादशाह खुद भी गजलें-नज्में पढ़ते थे और दूसरे शायरों को भी प्रोत्साहित करते थे।

बहादुर शाह जफर बड़े शान्त और नरम स्वभाव के व्यक्ति थे। होना तो यह चाहिए था कि उनकी जिन्दगी के आखिरी वर्ष शेरो-शायरी की महफिलों या आध्यात्मिक चर्चाओं में गुजरते। पर नियति को कुछ और ही मंजूर था। जब वे बयासी वर्ष के हुए तो 1857 की क्रान्ति की धधकती ज्वाला ने अचानक ही उन्हें अपनी चपेट में ले लिया।

1857 का वर्ष अंग्रेजों के खिलाफ देश के पहले स्वतन्त्रता संग्राम का वर्ष था। देश में हर तरफ क्रान्ति की चिंगारियाँ भड़क रही थीं।

बूढ़े बादशाह की जबान बेगम जीनत महल ने उनसे कहा, ''यह वक्त शेरो-शायरी का नहीं है, कुछ कर दिखाने का है। अंग्रेजों सफाया करने का यही मौका है।''

लेकिन बादशाह ने कहा, ''यह बूढ़ा शेर भला क्या कर सकता है? अंग्रेज इतने ताकतवर हैं कि कोई उनका कुछ नहीं बिगाड़ सकता। वह हम सबको कुचलकर रख देंगे।''

अंग्रेजों को भी बूढ़े बादशाह से विद्रोही की उम्मीद नहीं थी। वे हँसते हुए कहते थे, ''कौन बादशाह? बहादुर शाह? वह तो हमारा पेशानिया गुलाम है और किसी जानवर की तरह लाल किले के बाड़े में बन्द है। दिल्ली कम्पनी बहादुर की है।''

जब क्रान्तिकारी बादशाह से आकर मिले और उन्हें क्रान्ति का नेतृत्व करने के लिए कहने लगे तो बहादुर शाह ने अपनी लाचारी जताते हुए कहा, "भाइयो, तुम्हारा बादशाह तो खुद पनाह ढूँढ़ता फिर रहा है। तैमूर खानदान का सूरज अस्त हो रहा है। अब उसमें इतना तेज नही है कि तुम लोगों की रहनुमाई कर सके।"

पर बेगम जीनत महल के इरादे कुछ और ही थे। उन्होंने सुना था कि लखनऊ की बेगम हजरत महल और झाँसी की रानी लक्ष्मीबाई उमजादी की लड़ाई में कूद पड़ी थीं। "इन औरतों ने साबित कर दिया है कि औरतें बुजदिल नहीं होतीं। मैं भी तैमूर खानदान की बहू हूँ। मुझे भी कुछ कर दिखाना चाहिए।" वे बादशाह से बार-बार इसी तरह की बातें कहतीं।

आखिर 'बहादुर शाह' को भी धीरे-धीरे जोश आने लगा। उनकी बूढ़ी रगों में भी बगावत की चिंगारियाँ सुलगने लगीं। उन्होंने बेगम जीनत महल को भरोसा दिलाते हुए कहा, "ठीक है, हम दिल्ली को अंग्रेजों से आजाद करवाने की कोशिश करेंगे। बयासी बरस की उम्र में हम कलम की जगह तलवार चलाकर अपनी बादशाहत का कर्ज अदा करेंगे। शायद खुदा को यही मंजूर है।"

इसके बाद बहादुर शाह ने अंग्रेजों के खिलाफ बगावत का ऐलान कर दिया। क्रान्तिकारी दिल्ली में और उसके आसपास अंग्रेजों पर टूट पड़े। लेकिन अंग्रेज भी कम नहीं थे। उन्होंने इस बगावत को कुचलाने में अपनी पूरी ताकत झोंक दी और लाल किले को चारों तरफ से घेर लिया। बहादुर शाह किसी तरह वहाँ से निकल भागे, ताकि अंग्रेजी उनके बीवी-बच्चों का कत्ल न करें। लेकिन अंग्रेज फिर भी नहीं रुके। उन्होंने लाल किले में घुसकर कत्लेआम शुरू कर दिया। बादशाह के दोनों बेटों और पौत्रों के सर काटकर उनकी लाशों को शहर के दरवाजे पर लटका दिया गया। आज भी इस दरवाजे को 'खूनी दरवाजा' कहते हैं।

बहादुर शाह लाल किले से भागकर हुमायूँ के मकबरे में जा छिपे थे। अंग्रेजों ने उन्हें घेरकर वहीं कैद कर दिया। इसके बाद उन पर राजद्रोह का मुकदमा चलाया गया।

बादशाह ने अपनी बेगम जीनत महल को हिम्मत बँधाते हुए कहा, "हम हार गए हैं। खुदा को यही मंजूर था। लेकिन हमने इन्कलाब का जो बीज बोया है वह एक न एक दिन जरूर रंग लाएगा।"

बहादुर शाह को देश निकाला देकर सुदूर रंगून में एक जेल में बन्द कर दिया गया। बूढ़े बादशाह के आखिरी कुछ वर्ष रंगून की इसी जेल में गुजरे।

अपने वतन से दूर जाते हुए उन्होंने कहा था—

छोड़कर भार सब हुए चलते-फिरते
अपनी महरूमी पे हम हाथ हैं मलते फिरते

अपने जीवन की ढलती शाम में बहादुर शाह कितनी तकलीफों से गुजरे, इसका सहज ही अनुमान लगाया जा सकता है। उन्हें रह-रह कर मुगल साम्राज्य का

गौरवशाली इतिहास और दिल्ली के लाल किले के दरबार में अपनी शेरो-शायरी की महफिलें याद आती थीं। अपने वतन से दूर रंगून में अपनी कैद के दौरान ही उन्होंने अपनी सबसे खूबसूरत गजल लिखी—

न किसी की आँख का नूर हूँ, न किसी के दिल का करार हूँ
जो किसी के काम न आ सके, मैं वो एक मुश्तेगुबार हूँ।

मेरा रंग-रूप बिगड़ गया, मेरा यार मुझसे बिछुड़ गया
जो चमन खिजां में उजड़ गया, मैं उसी का फसले बहार हूँ।

कोई चार फूल चढ़ाए क्यों, कोई आके शमाँ जलाए क्यों
कोई मुझ पे अश्क बहाए क्यों, कि मैं बेकसी का मजार हूँ।

1862 में, लगभग 87 वर्ष की उम्र में, मुगल साम्राज्य का यह आखिरी चिराग भी बुझ गया।

भगत सिंह

भगत सिंह उन थोड़े-से मनुष्यों में से थे जिन्हें अपनी मृत्यु के समय का पहले से पता चल जाता है। 7 अक्टूबर, 1930 को उन्हें फाँसी की सजा सुनाई गई थी। 3 मार्च, 1931 को जब उनके घरवालों से उनकी आखिरी मुलाकात करवाई गई तो उन्हें यह अहसास भी हो गया था कि अब जिन्दगी और मौत के बीच कुछ ही दिन बाकी थे।

23 मार्च की दोपहर को जेल के वार्डन ने उन्हें बताया था कि उन्हें उनके दोनों साथियों सुखदेव और राजगुरु समेत फाँसी दिए जाने का आदेश आ गया था। यह फाँसी अगले दिन 24 मार्च, 1931 की सुबह दी जानी है।

लेकिन अंग्रेज सरकार इस मामले में भी बेईमानी कर गई और सुबह का इन्तजार करने की बजाय भगत सिंह और उनके दोनों साथियों को 23 मार्च, 1931 की शाम को ही फाँसी पर चढ़ा दिया गया।

24 वर्षीय भगत सिंह फाँसी पर झूलने से कुछ देर पहले तक बड़ी एकाग्रचित्त और उत्साह के साथ लेनिन की जीवनी पढ़ रहे थे, मानों उन्हें अपनी मौत का जरा भी डर या परवाह न हो।

यह पुस्तक 23 मार्च को ही उनके कानूनी सलाहकार और वकील प्राणनाथ मेहता उन्हें दे गए थे। भगत सिंह को उम्मीद थी कि सुबह फाँसी लगने तक वे इसे पूरी पढ़ लेंगे। लेकिन जब उन्हें पता चला कि फाँसी उसी शाम देने का फैसला किया गया था तो उन्होंने बड़ी बेफिक्री से कहा, "चलो, एक अध्याय तो पढ़ ही लूँगा!"

जब जेल के कर्मचारी उन्हें फाँसी के लिए लेने आए तो उन्होंने किताब से नजरें हटाए बिना कहा, "एक मिनट रुकिए, बस सिर्फ यह पैरा पढ़ लूँ!"

जेल के कर्मचारी उनकी यह बेफिक्री और दीवानगी देखकर दंग रह गए थे।

दोपहर को उन्हें फाँसी की सूचना देते हुए जेल के प्रमुख वार्डर सरदार चरन सिंह ने उनसे कहा था, "अब आखिरी वक्त में तो वाहे गुरु को याद कर लो और गुरुवाणी का पाठ कर लो!"

भगत सिंह हँस दिए थे और बड़े प्यार से उसे जवाब देते हुए बोले थे, ''आपके इस प्यार और सलाह का बहुत-बहुत शुक्रिया! लेकिन अब अगर आखिरी वक्त में वाहे गुरु को याद करूँगा तो वे कहेंगे कि डरपोक है, कायर है। सामने मौत नजर आने लगी तो मुझे याद करने लगा। अच्छा यही होगा कि मैं अपना आखिरी वक्त भी उन्हीं किताबों में गुजारूँ, जिन्हें मैं अपना आदर्श समझता रहा हूँ। लोग मेरे ऊपर यह आरोप तो लगाएँगे कि भगत सिंह नास्तिक था, लेकिन कोई यह तो नहीं कहेगा कि भगत सिंह डरपोक या बेईमान था और आखिरी वक्त में मौत को सामने देखकर उसके कदम लड़खड़ा गए थे।''

भगत सिंह दीवानगी की हद तक अध्ययनशील थे। अपनी गिरफ्तारी के बाद जेल में गुजरे लगभग दो वर्षों में वे सैकड़ों किताबें पढ़ चुके थे। वे सिर्फ पढ़ते ही नहीं थे, विचार और चिन्तन-मनन भी करते थे। जेल में ही उन्होंने अपना एक मशहूर लेख लिखा था—'मैं नास्तिक क्यों हूँ?' सिर्फ यही नहीं, उन्होंने बहुत-से दूसरे लेख भी लिखे थे। इसके अलावा वे अपनी एक डायरी में भी कुछ-न-कुछ लिखते रहते थे।

भगत सिंह जितने बड़े क्रान्तिकारी थे, उतने ही अच्छे विचारक भी। वे दूर तक देखते थे और क्रान्ति के सभी पहलुओं पर विचार करते थे। उनके लिए क्रान्ति किसी को गोली से उड़ा देने या कहीं बम का धमाका कर देने तक सीमित नहीं थी। वे मार्क्स और लेनिन की तरह एक सम्पूर्ण और सामूल सामाजिक परिवर्तन चाहते थे, जिसमें हथियारों की बहुत सीमित भूमिका थी। विचार और दर्शन कहीं अधिक महत्त्वपूर्ण थे।

पर वे युवा थे और अंग्रेजों के अत्याचारों को देखकर देश के दूसरे नौजवानों की तरह उनका भी खून खौल उठता था।

अक्टूबर 1928 में साइमन कमीशन के खिलाफ लाहौर में हुए एक विरोध-प्रदर्शन में एक अंग्रेज पुलिस अधिकारी स्कॉट और उसके सहायक सांडर्स ने लाला लाजपतराय पर इतनी बेरहमी से लाठियाँ बरसाईं कि वे लहूलुहान होकर गिर पड़े। 'शेरे-पंजाब' कहे जाने वाले लालाजी इन चोटों से उबर नहीं पाए और 17 नवम्बर, 1928 को उन्होंने अस्पताल में ही दम तोड़ दिया।

इस घटना से देश के नौजवान विफर उठे, खासकर भगत सिंह और उनके साथियों जैसे क्रान्तिकारी। उन्होंने लालाजी पर जानलेवा हमला करने वाले अंग्रेज पुलिस अधिकारी स्कॉट को गोलियों से भून डालने का फैसला कर लिया।

17 दिसम्बर, 1928 को इस फैसले पर अमल भी कर दिया गया। लेकिन भूल से स्कॉट की बजाय उसका सहायक सांडर्स मारा गया। लाहौर पुलिस स्टेशन के ठीक सामने अंजाम दिए गए इस साहसिक कारनामे में भगतसिंह, सुखदेव और राजगुरु ने भाग लिया था।

अगले दिन लाहौर में जगह-जगह ये पोस्टर चिपके दिखाई दिए—

'सांडर्स मारा गया! लाला लाजपतराय की मौत का बदला ले लिया गया!'

पोस्टरों के नीचे हिन्दुस्तान समाजवादी प्रजातान्त्रिक सेना के 'कमांडर-इन-चीफ' के हस्ताक्षर थे।

ये पोस्टर भी भगत सिंह के कारनामे थे, जिन्हें उन्होंने अपने हाथों से तैयार किया था। बल्कि इन पोस्टरों पर पहले 'स्कॉट' का नाम था, जिसे बाद में मिटाकर 'सांडर्स' किया गया था।

भगत सिंह और उनके साथी न सिर्फ शहर के बीचोंबीच और पुलिस स्टेशन के सामने एक अंग्रेज पुलिस अधिकारी की हत्या करने में सफल रहे, बल्कि चप्पे-चप्पे पर तैनात पुलिस को चकमा देकर लाहौर से निकल भागने में भी सफल रहे।

शहर में सुरक्षित निकल भागने की योजना को भी भगत सिंह ने बड़ी होशियारी से अंजाम दिया था। उन्होंने अपने केश और दाढ़ी-मूँछ मुंडवा दिए और सूट-बूट-टाई और हैट समेत एक अंग्रेज भक्त प्रशासनिक अधिकारी का रूप धारण कर लिया। (उनके सबसे लोकप्रिय चित्र में उनका यही रूप दिखाई देता है।) उनके मित्र और मार्गदर्शक भगवतीचरण बाबू की पत्नी दुर्गा भाभी ने अपनी गोद के बच्चे समेत उनकी 'पत्नी' की भूमिका निभाई तो देहाती धोती-कुर्ते में लिपटे राजगुरु ने उनके 'नौकर' की। अपने इसी नए भेष में अपनी 'पत्नी' और 'नौकर' के साथ भगत सिंह लाहौर से कलकत्ता जाने वाली रेलगाड़ी के फर्स्ट-क्लास के डिब्बे में सवार हो गए और सुरक्षित कलकत्ता जा पहुँचे। जहाँ भगवतीचरण बोहरा पहले से मौजूद थे। उन्होंने कलकत्ता में भगत सिंह और उनके साथियों की छिपने में मदद की और बाद में उन सबको एक जगह इकट्ठे करने का भी प्रबन्ध किया।

इस हत्या के बाद भगत सिंह और उनके साथी साफ बच निकले थे और पुलिस लाख सर पटककर भी हत्यारों का सुराग नहीं लगा पाई थी।

लेकिन क्रान्तिकारी किसी और बड़ी कार्रवाई को अन्जाम देने पर आमादा थे। कोई ऐसी कार्रवाई जो अंग्रेज हुक्मरानों के साथ-साथ भारतीय राजनीतिज्ञों को भी झकझोर कर रख दें और उन्हें सोचने के लिए विवश कर दे।

इसी उद्देश्य को ध्यान में रखकर 8 अप्रैल, 1929 को दिल्ली की सेन्ट्रल असेम्बली के हॉल में बम फेंकने का फैसला किया गया। इस बार क्रान्तिकारी अभियान को अन्जाम देने की जिम्मेदारी भगत सिंह और बटुकेश्वर दत्त को सौंपी गई।

ये बम अकारण ही नहीं फेंके गए थे। न ही इनके पीछे निर्दोषों की हत्या करने का इरादा था। उस दिन असेम्बली में 'पब्लिक सेफ्टी बिल' (सार्वजनिक सुरक्षा विधेयक) और 'ट्रेड डिस्प्यूट्स बिल' (औद्योगिक विवाद विधेयक) के रूप में दो अत्यन्त दमनकारी बिल पेश किए जा रहे थे। असेम्बली में बम फेंकने का उद्देश्य इन्हीं बिलों का विरोध करना था। साथ ही बम फेंकते समय यह ध्यान भी रखा गया

था कि ये बम असेम्बली हॉल के बीचोंबीच खाली जगह पर गिरे और किसी को चोट नहीं आए। बम फेंकने का उद्देश्य सदन को चौंकाना और उसका ध्यान खींचना था।

यही हुआ भी। जैसे ही भगत सिंह और बटुकेश्वर ने असेम्बली की दर्शक-दीर्घा से असेम्बली हॉल में बारी-बारी से दो बम फेंके और असेम्बली में हंगामा मचा, उन्होंने अपने हाथों में पकड़े पर्चे असेम्बली में फेंकने शुरू कर दिए। इन पर्चों में इन बिलों का कड़ा विरोध किया गया था। पर्चों पर सबसे ऊपर लिखा था— 'बहरों को सुनाने के लिए ऊँची आवाज की जरूरत होती है'। नीचे 'इन्कलाब जिन्दाबाद' के नारे के साथ 'हिन्दुस्तान सोशलिस्ट रिपब्लिकन आर्मी' के कमांडर-इन-चीफ 'बलराज' के हस्ताक्षर थे।

योजना के अनुसार, असेम्बली में बम फेंकने के बाद भगत सिंह और बटुकेश्वर दत्त ने अपने-आपको पुलिस के हवाले कर दिया था। उन पर मुकदमा चलाया गया और सिर्फ दो महीने बाद ही उन्हें उम्रकैद की सजा सुना दी गई। भगत सिंह को पंजाब की मियांवली जेल में और बटुकेश्वर दत्त को लाहौर की सेन्ट्रल जेल में भेज दिया गया।

लेकिन इसके बाद जल्दी ही सांडर्स हत्याकांड में भगत सिंह और उनके साथियों का हाथ होने का रहस्य भी खुल गया। भगत सिंह, सुखदेव, राजगुरु और उनके कई अन्य साथियों पर 'लाहौर षड्यन्त्र केस' के रूप में एक नया मुकदमा ठोंक दिया गया। भगत सिंह एक बार फिर लाहौर सेन्ट्रल जेल में वापस आ गए, जहाँ उनके दूसरे सभी साथी सुखदेव, राजगुरु इत्यादि भी थे।

जैसा कि आशंका थी 7 अक्टूबर, 1930 को भगत सिंह, सुखदेव और राजगुरु को सांडर्स की हत्या करने के अपराध में फाँसी की सजा सुना दी गई। इस बीच बटुकेश्वर दत्त को अंडमान की काला पानी की जेल में भेज दिया गया था। जहाँ उन्हें बहुत कष्टदायक और कठोर जीवन बिताना पड़ रहा था।

फाँसी की सजा मिलने के बाद भगत सिंह ने उनकी हिम्मत बढ़ाते हुए उन्हें एक पत्र में लिखा था—

'प्रिय बत्तू, मुझे सजा सुना दी गई है और फाँसी का हुक्म हुआ है। इन कोठरियों में मेरे अलावा और भी बहुत-से मुजरिम हैं जो फाँसी का इन्तजार कर रहे हैं। ये लोग यही प्रार्थना कर रहे हैं कि किसी तरह फाँसी से बच जाएँ। शायद मैं अकेला ऐसा आदमी हूँ जो बड़ी बेसब्री से उस दिन का इन्तजार कर रहा हूँ जब उसे अपने आदर्श के लिए फाँसी पर चढ़ने का सौभाग्य प्राप्त होगा। मैं खुशी से फाँसी के तख्ते पर चढ़कर दुनिया को यह दिखा दूँगा कि क्रान्तिकारी अपने आदर्शों के लिए किस तरह हँसते-हँसते कुर्बानी दे सकते हैं।

' मुझे फाँसी की सजा मिली है, मगर तुम्हें उम्रकैद। तुम जिन्दा रहोगे और

जिन्दा रहकर तुम्हें दुनिया को यह दिखा देना है कि क्रान्तिकारी अपने आदर्शों के लिए सिर्फ मर ही नहीं सकते, बल्कि जिन्दा रहकर हर तरह की यातनाओं का मुकाबला भी कर सकते हैं। मौत सांसारिक मुसीबतों से छुटकारा पाने का साधन नहीं बननी चाहिए। जो क्रान्तिकारी संयोगवश फाँसी के फन्दे से बच गए हैं, उन्हें जिन्दा रहकर दुनिया को यह दिखा देना चाहिए कि वे न सिर्फ अपने आदर्शों के लिए फाँसी पर चढ़ सकते हैं, बल्कि जेलों की अँधेरी कोठरियों में घुट-घुटकर हर दर्जे के अत्याचारों को भी सहन कर सकते हैं। तुम्हारा—भगत सिंह'

जेल की अपनी काल-कोठरी में भगत सिंह अपना अधिकांश समय किताबें पढ़ने में बिताते थे। उन्हें पढ़ने का कितना शौक था, और वे किस तरह की किताबें पढ़ते थे, इसका अन्दाजा इसी बात से लगाया जा सकता है कि उन्होंने लाहौर की सेन्ट्रल जेल से अपने एक दोस्त जयदेव के नाम लिखे एक पत्र में इन किताबों का इन्तजाम करने के लिए कहा था—मैटीरियलिज्म (कार्ल लीलेश्वत), व्हाई मेन फाइट (बी. रसेल), सोवियट्स एट वर्क, कॉलेप्स ऑफ सेकिंड इंटरनेशनल, लेफ्ट विंग कम्युनिज्म, म्यूचुअल एण्ड प्रिंस क्रोपाटकिन, फील्ड्स फेक्ट्रीज एंड वर्क शॉप्स, सिविल वॉर इन फ्रांस (मार्क्स), लैंड रेवोल्यूशन इन एशिया और स्पाई (अप्टन सिंक्लेयर)।

सुखदेव के साथ उनकी बहुत गाढ़ी छनती थी और दोनों में बहुत गहरी घनिष्ठता थी। जहाँ घनिष्ठता होती है, वहाँ कभी-कभी गिले-शिकवों या गलतफहमियों का पैदा होना भी स्वाभाविक होता है। 11 अप्रैल 1929 को सुखदेव को जब गिरफ्तार किया गया था तो उनकी जेब से भगत सिंह का एक पत्र बरामद हुआ था, जो इसी तरह की गलतफहमियाँ दूर करने के लिए भगत सिंह ने उन्हें लिखा था। यह पत्र मुकदमे की कार्रवाई का भी हिस्सा बना। इस पत्र के कुछ अंश थे—

'प्रेम मनुष्य के चरित्र को हमेशा ऊपर उठाता है, कभी भी नीचे नहीं गिराता, बशर्ते कि प्रेम प्रेम हो। इन लड़कियों (प्रेमिकाओं) को हम सरफिरी नहीं कह सकते, जैसा कि फिल्मों में दिखाते हैं कि वे हमेशा पाश्विक भावनाओं के हाथों में खेलती रहती हैं। सच्चा प्रेम कभी भी सृजित नहीं किया जाता, वह अपने आप हो जाता है। कब? यह कोई नहीं कह सकता।

'मैं यह कह सकता हूँ कि कोई नौजवान युवक और युवती आपस में प्यार कर सकते हैं और अपने प्यार के सहारे अपने आवेगों से ऊपर भी उठ सकते हैं, अपनी पवित्रता को सुरक्षित रख सकते हैं। मैं यह स्पष्ट कर देना चाहता हूँ कि जब मैंने प्यार को मानवीय कमजोरी कहा था तो यह किसी सामान्य व्यक्ति को लेकर नहीं कहा था। पर सबसे आदर्श स्थिति वह होगी जब मनुष्य प्रेम, घृणा और अपनी अन्य सभी भावनाओं पर नियन्त्रण रखना सीख लेगा। जब मनुष्य कर्म के आधार पर अपना पक्ष प्रस्तुत करेगा। मैंने एक व्यक्ति की दूसरे व्यक्ति के प्रति प्रेम-भावनाओं

की निन्दा की है, परन्तु एक आदर्श स्थिति में ही। मनुष्य के पास प्रेम की इतनी गहरी भावना होनी चाहिए कि वह इसे किसी एक व्यक्ति तक सीमित न रखकर विश्वव्यापी बना सके।'

इस पत्र से भगत सिंह के नौजवान और भावुक हृदय का पता चलता है, साथ ही उनके क्रान्तिकारी और मानवतावादी विचारों का भी।

अपने परिवार से आखिरी मुलाकात के बाद उन्होंने उसी दिन, 23 मार्च, 1931 को, अपने छोटे भाई कुलतार को बहुत भावभीना पत्र लिखा था—

'प्यारे कुलतार, आज तुम्हारी आँखों में आँसू देखकर बड़ा दुख हुआ। तुम्हारी बातों में भी कितना दर्द था। मुझसे तुम्हारे आँसू सहन नहीं होते।

बरखुरदार, हिम्मत से विद्या अर्जित करो और अपनी सेहत का ध्यान रखो। हौसला रखना, और क्या कहूँ—

उसे यह फिक्र है हरदम नया तर्ज़े-जफ़ा क्या है
हमें यह शौक है देखें सितम की इन्तहा क्या है...
हवा में रहेगी मेरे ख्याल की बिजली
ये मुश्ते-खाक़ है फानी, रहे, रहे न रहे।

अच्छा, रुख़सत। खुश रहो अहले-वतन, हम तो सफर करते हैं। हिम्मत से रहना। तुम्हारा भाई—भगत सिंह।'

भगत सिंह अपने साथियों सुखदेव और राजगुरु के साथ फाँसी के तख्ते की तरफ बढ़े तो जेल के सभी कैदी अपनी-अपनी कोठरियों और बैरकों में 'सरफरोशी की तमन्ना अब हमारे दिल में है, देखना है ज़ोर कितना बाजू-ए-कातिल में है' और 'मेरा रंग दे बसन्ती चोला' जैसे गीत गा रहे थे।

फाँसी पर झूलते समय भगत सिंह ने 'इन्कलाब जिन्दाबाद' का नारा लगाया, जैसा कि उन्होंने अपनी माँ से वायदा किया था।

28 सितम्बर, 1907 को जन्में भगत सिंह 23 मार्च, 1931 को हमेशा के लिए अमर हो गए।

महात्मा गांधी

जनवरी 1948 में महात्मा गांधी ने पाकिस्तान जाने का फैसला कर लिया था।

बँटवारे के बाद दोनों देशों में भयंकर पैमाने पर हुई मार-काट ने उन्हें बुरी तरह झकझोर दिया था। वे पाकिस्तान की यात्रा करके दोनों देशों के टकराव को खत्म करना चाहते थे। उन्हें उम्मीद थी कि उनकी पाकिस्तान यात्रा से जिन्ना और प्रधानमन्त्री लियाकत अली को तसल्ली होगी और दोनों देशों के आपसी सम्बन्ध सुधरेंगे। वे बँटवारे और मार-काट के जख्मों पर मलहम लगाने का काम करना चाहते थे।

लेकिन अतिवादी हिन्दू उनके इस फैसले से बहुत ज्यादा चिढ़े हुए थे। वे पाकिस्तान को एक दुश्मन की तरह देखते थे। भला गांधीजी एक ऐसे देश में जाने की हिम्मत कैसे कर सकते थे जो कश्मीर को भारत से हथियाने पर तुला हुआ था और बँटवारे के पहले दिन से ही एक दुश्मन की तरह व्यवहार करता रहा था।

जवाहरलाल नेहरू गांधीजी को समझा-बुझाकर इस यात्रा को टालने में सफल तो हो गए, लेकिन सिर्फ कुछ दिनों के लिए। गांधीजी ने कहा, ''ठीक है, मैं पहले उपवास करूँगा, ताकि सब जगह शान्ति स्थापित हो जाए। इसके बाद ही मैं पाकिस्तान जाऊँगा।''

गांधीजी 13 जनवरी, 1948 को आमरण अनशन पर बैठ गए। नेहरू जी ने उन्हें बहुत समझाया कि उनकी तबीयत ठीक नहीं है, पर वे नहीं माने।

गांधीजी की पहली माँग यह थी कि पाकिस्तान को वे 55 करोड़ रुपए लौटाए जाएँ जिसका वह तकाजा कर रहा था और जो बँटवारे के समय दोनों देशों के बीच हुए समझौते के अनुसार भारत की तरफ निकलते थे। उनकी अन्य माँगें हिन्दू-मुस्लिम दंगों के पूरी तरह बन्द होने और भारत में मुसलमानों की सुरक्षा की पर्याप्त व्यवस्था किए जाने से जुड़ी हुई थीं।

ये सब ऐसी माँगें थीं जिनसे अतिवादी हिन्दू और भी भड़क उठे थे। गांधीजी हिन्दुओं के नेता थे या मुसलमानों के? वे भारत का भला चाहते थे या पाकिस्तान का?

गांधीजी के अनशन से नेहरू और सरदार पटेल दोनों के ही हाथ-पाँव फूल गए थे। एक देश के प्रधानमन्त्री थे तो दूसरे गृहमन्त्री। अनशन के दूसरे दिन ही पाकिस्तान

के 55 करोड़ रुपए चुका दिए गए। लेकिन गांधीजी की और भी कई माँगें थीं। वे हिन्दुओं और मुसलमानों के बीच शान्ति देखना चाहते थे और भारत में मुसलमानों की सुरक्षा की समुचित व्यवस्था चाहते थे। उन्होंने अनशन के दौरान ही, बेहद कमजोरी और नींद के झोकों के बीच, अपने सचिव प्यारेलाल से एक शान्ति घोषणा-पत्र लिखवाया था। वे इस घोषणा-पत्र पर दो कट्टरवादी हिन्दू संगठनों के हस्ताक्षर चाहते थे।

अनशन स्थल पर बिड़ला हाउस में बड़ा अद्‌भुत दृश्य दिखाई देता था। ऐसे लगता था मानो पूरा शहर ही बिड़ला हाउस की तरफ चल पड़ा हो। नेहरू जी गांधीजी के बिस्तर के पास से हटने का नाम नहीं लेते थे। मंच के सामने और आसपास हजारों की भीड़ जमा रहती थी। हिन्दू, मुसलमान, सिख, ईसाई सभी मौजूद रहते थे। हिन्दू, मुसलमान और सिख बाहों में बाहें डालकर गांधीजी से प्रार्थना करते थे, ''देखिए, महात्माजी, हम सब साथ-साथ हैं। हम सब एक हैं। हमारे बीच कोई झगड़ा नहीं है। पूरे देश में शान्ति स्थापित हो चुकी है। अब तो आप अपना अनशन तोड़ दीजिए।''

13 जनवरी के बाद से बिड़ला हाउस में हर रोज ऐसा ही दृश्य देखने को मिलता था। पर 17 जनवरी को, अनशन के पाँचवें दिन, एक अजीब घटना हुई।

भीड़ 'गांधी जी जिन्दाबाद' के नारे लगा रही थी कि भीड़ में कोई बहुत जोर से चिल्लाया, ''गांधी मुर्दाबाद! गांधी को मरने दो!''

गाँधीजी के बिस्तर के पास बैठे नेहरू बिफर उठे। वे मंच से नीचे उतरकर भीड़ में घुस गए और गुस्से से काँपते हुए चिल्लाए, ''कहाँ है तू हत्यारे, कहाँ है? महात्माजी को मारने से पहले मुझे मार! कहाँ छिपा है तू? सामने आ और पहले मुझे मार!''

लेकिन कोई भी सामने नहीं आया। वह व्यक्ति भीड़ में न जाने कहाँ गुम हो गया था।

यह घटना इस बात का संकेत थी कि गांधीजी आमरण अनशन से नहीं मरेंगे, बल्कि कोई कट्टरपन्थी हत्यारा ही उनकी मौत का कारण बनेगा। दूसरे कई अनशनों की तरह यह अनशन भी खत्म हो गया, पर कुछ ही दिन बाद, 30 जनवरी, 1948 को, एक कट्टरपन्थी हिन्दू की गोली ने उन्हें हमेशा के लिए मौत की नींद सुला दिया।

ऐसा लगता था कि गांधीजी को अपनी मृत्यु का पूर्वाभास हो गया था। उनकी छाया में पली-बढ़ी और हमेशा उनके साथ रहने वाली उनकी नातिन मनुबेन के अनुसार, 30 जनवरी, 1948 की सुबह काठियावाड़ा (गुजरात) के दो नेता उनसे मिलने आए थे। गांधीजी ने मनुबेन से कहा था, ''उनसे कहो कि अगर जीवित रहा तो प्रार्थना सभा के बाद उनसे बात करूँगा!''

मनुबेन उनके मुँह से इस तरह की बात सुनकर धक्क रह गई थी। पर कुछ ही मिनट बाद उसकी आँखों के सामने जो घटना घटी, उससे वह यह सोचने पर मजबूर हो गई कि क्या बापू को अपनी मृत्यु का पूर्वाभास हो गया था।

मनुबेन ने अगले दिन इस घटना के बारे में अपनी डायरी में लिखा था—

''मैं बापू की दाईं ओर थी। उनका दायाँ हाथ मेरे कन्धे पर था। हम प्रार्थना के चबूतरे पद ले जाने वाली सीढ़ियाँ चढ़ने लगे तो खाकी कपड़ों में एक तंदुरुस्त नौजवान भीड़ को चीरता हुआ अचानक ही हमारे सामने आ खड़ा हुआ। उसने अपने हाथ जोड़ रखे थे। मैं समझी कि वह बापू के चरण छूना चाहता था। बहुत से लोग ऐसा किया करते थे। बापू जहाँ भी जाते थे, लोग उन्हें प्रणाम करने और उनके चरणों की धूल लेने आते रहते थे। हम लोग अपने ढंग से लोगों को रोकने और समझाने की कोशिश करते थे कि बापू को यह सब पसन्द नहीं था। लेकिन लोग कहाँ मानते थे?

''मैंने हमेशा की तरह उस नौजवान को भी रोकते हुए कहा, 'भाई, बापूजी को पहले ही देर हो चुकी है, दस मिनट ऊपर हो गए हैं, आप उन्हें क्यों तंग कर रहे हैं?' लेकिन तभी उसने मुझे इतनी जोर से धक्का मारा कि मेरे हाथ में पकड़ी नोटबुक, माला, थूकदानी वगैरह सब नीचे गिर पड़ीं। मैं उन्हें उठाने के लिए नीचे झुकी ही थी कि मुझे एक के बाद एक धड़ाधड़ तीन गोलियाँ चलने की आवाज सुनाई दी। वातावरण में एकाएक धुआँ और अन्धकार फैल गया। बापू ने अपने दोनों हाथ जोड़ रखे थे। वे उसी मुद्रा में 'हे रा...म! हे...रा...म!' कहते-कहते जमीन पर गिर पड़े।''

''उस समय कई लोगों ने बापूजी को थाम लेने का प्रयास किया था, फिर भी वे नीचे गिर पड़े। मैं तो समझ ही नहीं पाई कि यह क्या हो गया। सब कुछ कुछ ही मिनटों में घट गया था। गोलियाँ मेरे कानों के इतने पास से चली थीं कि कुछ क्षणों के लिए मेरे कान बहरे-से हो गए थे।

''नीचे गिरने के बाद भी बापूजी के हाथ उसी तरह नमस्कार की मुद्रा में जुड़े रहे, मानो वे जाते-जाते सबसे क्षमा माँग रहे हों। उस समय उनकी घड़ी में 5 बजकर 17 मिनट हुए थे। बापूजी की मुख मुद्रा से ऐसा लग रहा था मानों हरी घास की शैय्या पर धरती माता की गोद में गहरी नींद में सो रहे हैं।

''उन्हें उठाकर कमरे तक ले जाने में हमें दस मिनट लग गए। दुर्भाग्य से तुरन्त कोई डॉक्टर भी नहीं मिल पाता। डॉ. सुशीला बहन नैयर के फर्स्ट-एड बॉक्स की मदद से उनके उपचार की कोशिश की गई। लेकिन उस बक्से में भी कोई खास दवा नहीं थी। बापूजी हमेशा कहा करते थे—मेरा सच्चा डॉक्टर तो मेरा राम है!''

उस हत्यारे नौजवान के पास सात बार फायर कर सकने वाली ऑटोमेटिक पिस्तौल थी। तीन गोलियों में से पहली गोली बापू की छाती की मध्यरेखा से साढ़े तीन इंच दाईं तरफ और नाभी से ढाई इंच ऊपर पेट में लगी थी। दूसरी गोली छाती

के लगभग बीचोंबीच लगी थी। ये दोनों गोलियाँ शरीर के आरपार निकल गई थीं और प्रार्थना-भूमि पर पड़ी हुई मिलीं। तीसरी गोली बापू के फेफड़े में घुस गई थी।

मनुबेन के अनुसार, बहुत खून बह जाने के कारण बापू का चेहरा पीला पड़ गया था। भाई साहब (ब्रज किशोर चाँदीवाला) अपनी भावनाओं पर काबू रखकर अस्पताल में फोन पर फोन कर रहे थे। बाहर हजारों लोगों की भीड़ जमा होती जा रही थी। आखिर जब फोन पर बात न बनी तो ब्रज किशोर सरदार पटेल के बंगले की तरफ और फिर विलिंगटन अस्पताल की तरफ दौड़े। पर अफसोस, उन्हें कोई डॉक्टर नहीं मिला और वे वैसे ही वापस आ गए।

मनुबेन आगे लिखती हैं, "इस बीच कन्हैयालाल मुंशी आ गए थे। मणि बहन ने मुझे हिम्मत बँधाई और गीता का पाठ शुरू करने के लिए कहा। मैंने गीता का पाठ करना शुरू कर दिया। इस बीच कर्नल भार्गव आ गए थे और बापूजी की जाँच में जुट गए थे। हम सब बड़ी उम्मीद से उनकी तरफ देख रहे थे। लेकिन डॉक्टर को बापू का शरीर छूते ही पता चल गया था कि उनके प्राण पखेरू उड़ चुके थे और अब सब प्रयत्न व्यर्थ थे।"

"फिर भी डॉक्टर अपने मुँह से यह कहने की हिम्मत नहीं कर पा रहे थे कि बापू अब नहीं रहे। वे दस-पन्द्रह मिनटों तक उसी तरह जाँच करते रहे। लोग मन-ही-मन प्रार्थना कर रहे थे कि डॉक्टर बापू को बचा लें। लेकिन लम्बी जाँच के बाद डॉक्टर ने बड़े दुखी मन से मुझसे कहा, 'मनु बेटी, बापू अब नहीं रहे!'"

"देवदास काका और गोप (बापू के सबसे छोटे पुत्र और पौत्र) बापूजी की छाती पर सिर रखकर विलाप करने लगे। कुछ ही दूर पंडित जवाहरलाल जी, सरदार पटेल की गोद में सिर रखकर बच्चों की तरह फूट-फूटकर रो रहे थे। देखते ही देखते, बाहर लाखों की भीड़ जमा हो गई थी। 'लौह पुरुष' कहे जाने वाले सरदार बल्लभ भाई पटेल अकेले ही सबको आश्वासन दे रहे थे, सबकी हिम्मत बँधा रहे थे।"

बापू की हत्या के कारण प्रार्थना-सभा अस्त-व्यस्त हो गई थी। इस गड़बड़ी में बापू के चश्मे और चप्पलों का भी पता नहीं चला था। न जाने कौन श्रद्धालु उन्हें अपने सीने से लगाकर भीड़ में गुम हो गया था।

हत्या की सुबह गांधीजी ने अपने सहायक विश्वारा को सभी महत्त्वपूर्ण पत्र दिखाने के लिए कहा। वे उन सबका जवाब दे देना चाहते थे। उसी दिन आचार्य जुगल किशोर और श्री शंकर राव देव ने बिड़ला हाउस में उनके सामने कांग्रेस के विघटन और लोक-सेवक संघ के गठन का प्रस्ताव रखा। उस दिन गांधीजी ने अमरीकी फोटोग्राफर मारग्रेट से भी बात की। शाम के साढ़े चार बजे आभा ने उनका नियमित भोजन परोसा, जो उनका अन्तिम भोजन साबित होने वाला था। वे सरदार पटेल और

मणि बेन से बातें करते रहे। वे चाहते थे कि राष्ट्र के हित को देखते हुए सरदार पटेल और नेहरू को अपने मतभेद खत्म कर देने चाहिए। उन्होंने इस सम्बन्ध में नेहरू जी को एक नोट भी लिखा।

पाँच बजे वे स्नानघर से निवृत्त होने के बाद प्रार्थना-सभा के लिए निकले तो उन्हें इस बात का अफसोस था कि उन्हें थोड़ी देर हो गई थी। वे निर्धारित समय में जरा-से भी विलम्ब को गलत समझते थे। प्रार्थना-स्थल पर लगभग 500 श्रद्धालु उनकी प्रतीक्षा कर रहे थे। उन्हें क्या पता था कि उनकी यह प्रतीक्षा कभी खत्म नहीं होगी, कि उन तक पहुँचने से पहले ही एक सरफिरा हिन्दू कट्टरपन्थी उनकी जीवन-लीला समाप्त कर देगा।

गवर्नर जनरल लॉर्ड माउंटबेटन को जब पता चला था कि हत्यारा नत्थूराम गोडसे नामक एक हिन्दू था तो उन्होंने राहत की साँस ली थी। "शुक्र है कि हत्यारा हिन्दू था, वरना न जाने क्या हो जाता! सेना बुलानी पड़ती!"

हत्या के बाद कुछ लोगों ने नारे भी लगाए थे, "मुसलमान मुर्दाबाद! मुसलमानों ने गांधीजी को मारा डाला!"

तब कुछ जिम्मेदार लोगों ने उन्हें समझाते हुए कहा था, "चुप रहो! हत्यारा हिन्दू था!"

इसके बाद ही लोग शान्त हुए थे और उनके क्रोध ने शोक का रूप ले लिया था।

दिन-रात गांधीजी की सेवा में जुटी रहने वाली मनुबेन ने उनके साथ बीती अन्तिम घड़ियों को याद करते हुए बताया था, "अभी कल रात ही उन्होंने कहा था—हे बहारे-बाग दुनिया चन्द रोज। किसे पता था कि ये चंद रोज चंद घंटे बनकर रह जाएँगे ? वे मुझसे कहा करते थे, मुझे अशान्ति से शान्ति में जाना है। अगर कोई मुझे गोली से मारे और मैं राम का नाम लेते हुए मरूँ, तो ही तू कहना कि यह सच्चा महात्मा था। लेकिन अगर मैं रोग से मरूँ, अरे, छोटी-सी फुँसी के कारण भी मरूँ तो तू कहना कि यह दम्भी महात्मा था।"

सिर्फ दस दिन पहले ही, 20 जनवरी, 1948 को, गांधीजी की हत्या का एक असफल प्रयास किया गया था। उनकी प्रार्थना सभा से कुछ ही दूर एक बम विस्फोट हुआ था। लेकिन गांधीजी ने जरा भी विचलित हुए बिना अपना सम्बोधन जारी रखा था। उन्होंने अपने लिए कोई सुरक्षा व्यवस्था किए जाने से भी इनकार कर दिया था।

दरअसल गांधीजी की हत्या के प्रयास चालीस वर्ष पहले, 1908 में, दक्षिण अफ्रीका में ही शुरू हो गए थे। जोहान्सबर्ग के एक गुस्सैल पठान मीर आलम ने उन्हें जान से मारने की धमकी दी थी। तब गांधीजी ने कहा था, "किसी बीमारी या दूसरे किसी कारण से मरने की बजाय एक भाई के हाथों मरना मेरे लिए दुख का

कारण नहीं हो सकता। और अगर ऐसी स्थिति में मैं अपने हत्यारे के प्रति गुस्से या घृणा की भावना से मुक्त रह सकूँ तो मैं जानता हूँ कि यह मेरे शाश्वत कल्याण में बढ़ोत्तरी करेगा।''

1934 में पुणे में उनके सम्मान में आयोजित एक समारोह के दौरान भी उन पर बम फेंका गया था। संयोग से यह बम अगली गाड़ी पर गिरा, जबकि गांधीजी पिछली गाड़ी में थे। इसी तरह जुलाई 1944 में भी, जब गांधीजी पंचगनी में थे, तो नत्थूराम गोडसे घुस लेकर गांधीजी की तरफ बढ़ा था। 29 जून, 1946 को गांधीजी रेलगाड़ी द्वारा मुम्बई से पुणे जा रहे थे तो केरल और कर्जत स्टेशनों के बीच रेलवे लाइन पर बड़े-बड़े पत्थर रखकर उनकी गाड़ी को पलटने का प्रयास किया गया था।

गांधीजी ने अपनी एक प्रार्थना-सभा में इन घटनाओं का जिक्र करते हुए कहा था, ''मैं सात बार इस तरह के प्रयासों से बच गया हूँ। मैं इस तरह मरने वाला नहीं हूँ। मैं 125 वर्ष तक जीऊँगा।''

तब नत्थूराम गोडसे ने अपनी मराठी पत्रिका 'अग्रणी' में लिखा था—''पर जीने कौन देगा?'' और 30 जनवरी, 1948 को उसने यह घृणित कारनामा कर दिखाया।

महात्मा बुद्ध

महात्मा बुद्ध कुल 80 वर्ष तक जीए। इनमें से 45 वर्ष उन्होंने जगह-जगह घूमकर ज्ञान का प्रचार करने में व्यतीत किए। अपने महानिर्वाण तक वे धर्मोपदेश में ही जुटे रहे।

बौद्ध साहित्य के महापरिनिर्वाण खंड में उनके जीवन की अन्तिम घड़ियों का उल्लेख है। इसके अनुसार, उन्होंने कुशीनारा नामक स्थान पर रात्रि के मध्य प्रहर में इस लोक का परित्याग किया था। उनका यह अन्त एक यजमान के घर अतिथि के रूप में भोजन करने के बाद हुआ था।

बुद्ध ने अपने अन्तिम समय को भाँप लिया था। इसीलिए उन्होंने अपने प्रिय शिष्य आनन्द को बुलाकर सभी भिक्षुओं को अपने सम्मुख एकत्रित होने का आदेश दिया था। कहा जाता है कि उनके महानिर्वाण के समय भयंकर भूचाल आया था और चारों तरफ दैवीय संगीत गूँजने लगा था।

एक अन्य स्रोत **(प्राचीन भारत का सामाजिक इतिहास डॉ. जयशंकर मिश्र)** के अनुसार, बुद्ध अपने जीवन के अन्तिम वर्ष में नालन्दा होते हुए पाटलिग्राम और फिर वहाँ से गंगा पार करके वैशाली पहुँचे थे। वहीं बेलुग्राम में वे अस्वस्थ हो गए थे। उन्होंने स्वयं ही अपने जीवन के अन्त की घोषणा करते हुए कहा था, "आज से तीन महीने बाद तथागत का अन्त हो जाएगा।"

बुद्ध अस्वस्थता की स्थिति में ही वैशाली से भंडग्राम, हत्थिग्राम, अम्बग्राम, जम्बुग्राम और भोगनगर होते हुए पावा नगरी पहुँचे थे। वहाँ वे चुन्द कुमारि पुत्र के आमों के बाग में विहार करने लगे। वहीं चुन्द कुमारि ने उनके दर्शन किए और उन्हें उनके शिष्य समेत अपने घर पर भोजन के लिए आमन्त्रित किया।

कहा जाता है कि भोजन में अन्य खाद्य सामग्रियों समेत सूकर भद्धव यानी सूअर का मांस भी परोसा गया था। कुछ इतिहासकारों के अनुसार यह मांस न होकर एक प्रकार का वनस्पति या कुकुरमुत्ता पौधा था, जो सूअरों की माँद के पास पाया जाता है।

यह भोजन करते ही भगवान बुद्ध की तबीयत खराब हो गई। यह सोचकर कि चुन्द की प्रतिष्ठा पर कोई आँच न आए, वे वहाँ से कुशीनारा चले गए।

बुद्ध ने शय्या पर लेटे-लेटे ही अपने शिष्यों से कहा, ''जो भी प्रश्न मन में आए पूछ लो, ताकि बाद में यह पछतावा न हो कि बुद्ध होते तो पूछ लेते।''

बुद्ध ने यह बात तीन बार दोहराई, पर किसी ने कुछ नहीं पूछा। अन्त में बुद्ध ने कहा कि उनके द्वारा धर्म और विनयशीलता पर दिया गया उपदेश ही भिक्षुओं का मार्गदर्शक होगा। उन्होंने अपनी अन्तिम सीख देते हुए कहा, ''सभी संस्कार अनित्य अर्थात् नाशवान हैं, इसलिए भूलकर भी किसी तरह का घमंड नहीं करना चाहिए। हमेशा मिलजुलकर रहना चाहिए। अलगाव और फूट पैदा करने वालों से सावधान रहना चाहिए और ऐसे लोगों को क्षमा नहीं करना चाहिए। जहाँ भी रहो, उसे मात्र एक विश्राम-स्थल समझो। घर तो वह होता है जहाँ जीवन का लक्ष्य पूरा होता है। राह के साथियों से घुलना-मिलना जरूर चाहिए, पड़ावों पर ठहरना भी चाहिए, पर इस सब में इतना मग्न नहीं हो जाना चाहिए कि लक्ष्य का बोध भी न रहे। मेरे प्रिय शिष्यों, बोलने की बजाय कर्म पर ध्यान देना। ज्यादा बोलने से सम्मान कम होता है। इसलिए जो भी बोलो, ठोस, मर्यादित, स्वतः अनुभूत और विश्वासपूर्वक बोलो। तब थोड़ा बोलने से भी ज्यादा प्रभाव पड़ता है। हर भिक्षु को अपना प्रकाश खुद ढूँढ़ना पड़ता है और यही जीवन का लक्ष्य है।''

यह उपदेश देने के बाद बुद्ध पहले ध्यान की पहली अवस्था, फिर दूसरी अवस्था और फिर तृतीय अवस्था में पहुँचकर शान्तचित्त समाधि में लीन हो गए।

शिष्य अनिरुद्ध ने शिष्य आनन्द से पूछा, ''क्या भगवान बुद्ध जीवन त्याग चुके हैं?''

आनन्द ने कहा, ''ऐसा नहीं है। वे ध्यान अवस्था में निरन्तर ऊँचे उठते हुए परिनिर्वाण की ओर बढ़ रहे हैं।''

सभी शिष्य मन-ही-मन बुद्ध के इन अनमोल वचनों को दोहरा रहे थे, ''जो उत्पन्न होकर नष्ट होते हैं, उनका शान्त हो जाना ही सच्चा सुख है।''

महाराणा प्रताप

महाराणा प्रताप की कथा राजपूतों के अद्‌भुत शौर्य, पराक्रम, जीवट और दृढ़-संकल्प की प्रतीक है। उन्हें अपने जीवन के कई वर्ष राजपाठ के सुख-ऐश्वर्य से दूर जंगलों में बिताने पड़े—सिर्फ इसलिए क्योंकि वे मुगल सम्राट अकबर की अधीनता स्वीकार करने के लिए तैयार नहीं थे। अकबर उनका सब कुछ लौटाने के लिए तैयार थे, बशर्ते कि वे सिर्फ मन से अपनी हार स्वीकार कर लें। महाराणा प्रताप इसके लिए भी राजी नहीं हुए थे।

अरावली के जंगलों में घास के बिछौने पर सोकर और घास की रोटियाँ खाकर भी उनके हौसले पस्त नहीं हुए थे। वे मुगलों से फिर से टक्कर लेने और चित्तौड़ को वापस जीतने के सपने देखते रहते थे। वे बचपन से ही अपने परदादा राणा सांगा के शौर्य की कहानियाँ सुनते आए थे। उनकी रगों में भी वही खून दौड़ रहा था। कहा जाता था कि राणा सांगा के शरीर पर घावों के अस्सी निशान थे। युद्ध में उनकी एक बाँह और एक आँख भी जाती रही थी। पर उन्होंने हिम्मत नहीं हारी थी और अकबर के दादा बाबर की अधीनता स्वीकार नहीं की थी।

महाराणा प्रताप को जिस तरह अपने परदादा राणा सांगा पर गर्व महसूस होता था उसी तरह अपने पिता राणा उदय सिंह को याद करके सर शर्म से झुक जाता था। राणा उदय सिंह कमजोर दिल के निकले थे। अकबर ने उन्हें ललकारा था तो वे मुगलों का मुकाबला करने की बजाय जंगलों में भाग खड़े हुए थे। उनकी उपस्थिति में सरदार जयमल राठौड़ ने राजपूत सेना का नेतृत्व किया था और मुगल सेना से डटकर लोहा लिया था। लेकिन मुगल सेना संख्या में कहीं ज्यादा थी और उसके हथियार भी बेहतर थे। इस युद्ध में लगभग 300 राजपूत स्त्रियों ने जौहर किया था और लगभग 8,000 राजपूत सैनिकों ने अपने प्राणों की आहुति दी थी। लेकिन चित्तौड़ को बचाया न जा सका और वह राजपूतों के हाथों से निकल गया।

इसके पाँच वर्ष बाद अपने पिता राणा उदय सिंह की मृत्यु के बाद महाराणा प्रताप राजगद्‌दी पर बैठे थे तो उन्होंने प्रतिज्ञा की थी कि जब तक चित्तौड़ और पूरे मेवाड़ को मुगलों से नहीं छुड़ा लेंगे। चैन से नहीं बैठेंगे।

उनकी इसी प्रतिज्ञा का परिणाम था हल्दीघाटी का ऐतिहासिक युद्ध। यह युद्ध 1576 ईस्वी में लड़ा गया था। एक तरफ राजपूतों की 22,000 सेना थी, जिसमें सिर्फ 3,000 घुड़सवार थे, तो दूसरी तरफ मुगलों की एक लाख से भी अधिक सेना थी। विडम्बना यह थी कि मुगल सेना में बहुत-से ऐसे राजपूत शामिल थे, जिन्होंने अकबर की अधीनता स्वीकार कर ली। मुगल सेना का नेतृत्व सेनापति मानसिंह कर रहे थे, जो खुद भी एक राजपूत थे।

महाराणा प्रताप अपने 3,000 घुड़सवारों और अन्य सैनिकों के साथ हल्दीघाटी के दर्रे में पहुँचे थे तो यह सोचकर उनका मन व्यथित हो उठा था कि उन्हें अपने ही राजपूत भाइयों से खून की होली खेलनी पड़ेगी। राजपूतों के शौर्य की यह कैसी परीक्षा थी ? और तो और, उनका अपना भाई शक्ति सिंह भी शत्रुओं से जा मिला था और अब मुगल सेना का अंग बना खड़ा था।

महाराणा प्रताप ने किसी तरह अपने मन को कड़ा किया था और अपनी प्रतिज्ञा को याद किया था—चित्तौड़ को वापस जीतने की प्रतिज्ञा को। चित्तौड़ और उनके बीच दीवार बनकर खड़ा हर व्यक्ति उनका शत्रु था—वह मुगल हो या राजपूत।

महाराणा अपने प्रिय घोड़े चेतक पर सवार थे। उन्होंने अपने साथियों को ललकारते हुए कहा, "क्या तुम्हारी तलवारें तैयार हैं? क्या तुम्हारी कलाइयों में इतना दम है कि शत्रुओं को अपनी तलवार से काटते हुए आगे बढ़ सको ?"

उनके साथियों ने बड़े उत्साह से जवाब दिया था कि वे मरने के बाद भी अपने हाथ से अपनी तलवार नहीं छूटने देंगे।

इसके बाद राजपूत सेना मुगल सेना पर टूट पड़ी थी और कुछ समय के लिए तो मुगल सेना के सचमुच ही पाँव उखड़ गए थे। अपने प्रिय घोड़े चेतक पर महाराणा मानों हवा में उड़ रहे थे, कभी शत्रुओं के इस तरफ तो कभी उस तरफ। मुगल सेना में भगदड़-सी मच गई थी। अगर ऐन वक्त पर शहजादे सलीम ने उनकी घेराबन्दी न कर ली होती तो इस युद्ध का नतीजा कुछ और ही होता। सरदारों के मना करने के बावजूद महाराणा मुगल सेना के भीतर तक घुसते चले गए थे। शहजादे सलीम ने इसी का लाभ उठाकर उन्हें हजारों सैनिकों के बीच घेर लिया था। महाराणा फिर भी नहीं घबराए थे और प्राणों की परवाह न करके दोनों हाथों से तलवार चलाते रहे थे। आखिर सलूंबस सरदार मुगलों का घेरा चीरते हुए महाराणा के पास जा पहुँचे थे और उन्हें जबर्दस्ती उस घेरे से बाहर निकाल ले गए थे।

इसके बाद मुगल सेना हावी होती चली गई थी। पर राजपूत सेना हार मानने के लिए तैयार नहीं थी और दोनों तरफ से घमासान युद्ध होता रहा था। आखिर में 22,000 राजपूत सैनिकों में से सिर्फ 8,000 जीवित बचे थे।

महाराणा का प्यारा चेतक भी शहीद हो गया था। इससे पहले कि वे शत्रु के घेरे में आएँ और पकड़े जाएँ, उनका विद्रोही भाई शक्ति सिंह अचानक ही उनके सामने

आ खड़ा हुआ था। महाराणा प्रताप घायल अवस्था में भी क्रोध से तमतमा उठे थे, ''विधर्मी, आज मैं तुझे और मानसिंह को मारकर राजपूत जाति पर लगा कलंक हमेशा के लिए धो डालूँगा।''

पर शक्ति सिंह उनके चरणों में गिर गया था और विलाप करते हुए बोला था, ''आप महान हैं, भैया! मैं आपके शौर्य और स्वाभिमान के आगे सर झुकाता हूँ। लेकिन यह समय मुझे दंड देने का नहीं है। आपके प्राण कहीं ज्यादा मूल्यवान हैं। आप मेरा घोड़ा ले लीजिए और अपनी रक्षा कीजिए। वे लोग इधर पहुँचते ही होंगे। अगर आपको बन्दी बना लिया गया तो पूरी राजपूत जाति की उम्मीदें टूट जाएँगी।''

महाराणा ने भीगी पलकों से उसकी तरफ देखा था और फिर नए घोड़े पर सवार होकर अरावली पहाड़ियों की तरफ निकल पड़े थे।

अब इन पहाड़ियों और जंगलों के बीच रहते-रहते न जाने कितने वर्ष बीत गए थे। रानी पद्मावती और बच्चे भी उनके साथ ही थे। यह आदिवासी भीलों का इलाका था, जो दिन-रात उनकी सेवा में लगे रहते थे और उनकी रक्षा भी करते थे। कई बार मुगल सेना की किसी टुकड़ी को उनकी खबर लग जाती तो उन्हें अपना ठिकाना बदलना पड़ा। भील उन्हें और उनके परिवार को साग-सब्जियों के टोकरों में छिपाकर कहीं और ले जाते, जहाँ उन्हें नए सिरे से जिन्दगी शुरू करनी पड़ती।

पिछले कुछ वर्षों से वे ऐसी ही खानाबदोश जिन्दगी जी रहे थे।

अरावली के जंगलों में बहुत कठिन और अभावों भरा जीवन बिताते हुए भी महाराणा प्रताप ने चित्तौड़-विजय का सपना नहीं छोड़ा था। उन्हें पूरी उम्मीद थी कि एक-न-एक दिन वे फिर से अपनी सेना इकट्ठी करके चित्तौड़ को मुगलों के चुंगल से मुक्त करवा लेंगे। आदिवासी कोल और भील उनके एक इशारे पर जान की बाजी लगाने के लिए तैयार थे। उनके कुछ पुराने साथी भी उनसे चोरी-छिपे मिलते रहते थे और उनके लिए कुछ भी करने के लिए तैयार थे।

लेकिन एक दिन एक ऐसी घटना घटी कि उनका कोमल हृदय बुरी तरह तड़प उठा। उनकी छोटी बेटी के हिस्से की रोटी एक जंगली जानवर छीनकर भाग गया और भूखी बच्ची जोर-जोर से रोने लगी। परिवार के पास इतना भी अनाज नहीं था कि बच्ची के लिए एक और रोटी बनाई जा सके। महाराणा ने फटे-पुराने चिथड़ों में लिपटी महारानी पद्मावती और वैसे ही फटेहाल अपने बच्चों की तरफ देखा और उनका सर शर्म से झुक गया। आखिर वे कब तक महारानी और इन मासूम बच्चों को ऐसी कठोर सजा देते रहेंगे? क्या उनका आत्म-सम्मान, उनका स्वाभिमान इन बच्चों की भूख से, इनकी मासूम आकांक्षाओं से ज्यादा महत्त्वपूर्ण था?

महाराणा बहुत ज्यादा व्यथित हो गए और सम्राट अकबर के नाम एक पत्र लिखने बैठ गए। वे अपने बच्चों का कष्ट और नहीं देख पा रहे थे, इसलिए मुगल

साम्राज्य की अधीनता स्वीकार करने के लिए तैयार थे। उन्होंने अपने एक दूत के हाथ महाराज अकबर को यह पत्र भिजवा दिया।

महाराजा अकबर ने यह पत्र देखा तो उनकी बाँछें खिल गईं। महाराणा प्रताप ने न सिर्फ समझौते की पेशकश की थी, बल्कि खुद अपने हाथ से पत्र लिख कर भेजा था। अकबर महाराणा के शौर्य और स्वाभिमान की मन-ही-मन प्रशंसा करते थे। एक वही थे जिन्हें सुख-सुविधाओं से ज्यादा अपनी मान-मर्यादा प्यारी थी। अकबर उन्हें अपने साथ मिलाकर अपने साम्राज्य का और ज्यादा विस्तार करना चाहते थे। महाराणा के इस पत्र से उन्हें अपना सपना साकार होता दिखाई देने लगा था। जिसके पास महाराणा प्रताप जैसा महायोद्धा और पराक्रमी हो, उसे कौन-सी शक्ति आगे बढ़ने से रोक सकती है?

अकबर ने अपने एक विशेष दरबारी पृथ्वीराज को बुलाया। वे सिसोदिया वंश के थे और उनका विवाह महाराणा प्रताप के ही खानदान में हुआ था।

"देखिए, तो", अकबर ने उनसे कहा था, "क्या यह महाराणा प्रताप का ही पत्र है? आप उनका हस्तलेख पहचानते हैं न?"

पृथ्वीराज ने अनजान बनते हुए कहा, "मैं तो नहीं, पर मेरी पत्नी जरूर पहचान लेगी!"

पृथ्वीराज पत्र देखते ही समझ गए थे कि यह महाराणा प्रताप का ही हस्तलेख था। उनके पास महाराणा के कुछ पत्र मौजूद थे और वे उनका हस्तलेख अच्छी तरह से पहचानते थे।

दरअसल अकबर की बात सुनकर पृथ्वीराज बुरी तरह चकरा गए थे और सोच-विचार के लिए कुछ समय चाहते थे। इसलिए वे जानकर भी अनजान बन गए थे।

अकबर ने वह पत्र उन्हें सौंप दिया।

पृथ्वीराज ने वह पत्र अपनी पत्नी को दिखाया और दूसरे पत्रों से मिलाने के बाद एक बार फिर इसी निष्कर्ष पर पहुँचे कि वह महाराणा प्रताप का ही हस्तलेख था।

अगले दिन उन्होंने अकबर से मिलकर इस पत्र के असली होने की घोषणा कर दी।

"ठीक है", अकबर ने खुश होकर कहा, "हमारी तरफ से तुम महाराणा को जवाब दो! उन्हें लिखो कि हमें उनकी सारी शर्तें मंजूर हैं और हम इनका सब कुछ लौटाने के लिए तैयार हैं।"

लेकिन पृथ्वीराज के मन में कुछ और ही था। वे रात भर सो नहीं पाए थे और बिस्तर में करवटें बदलते हुए महाराणा प्रताप के पत्र के बारे में ही सोचते रहे थे। महाराणा सभी राजपूतों की शान के प्रतीत थे। अकबर की अधीनता स्वीकार कर चुके राजपूत भी मन-ही-मन उनकी प्रशंसा करते थे और उन्हें अपनी जाति के गौरव का प्रतीक समझते थे।

''अगर महाराणा का सर भी मुगलों के आगे झुक जाएगा तो राजपूतों की साख हमेशा के लिए मिट्टी में मिल जाएगी,'' पृथ्वीराज ने अपनी पत्नी से कहा था, ''नहीं, नहीं, ऐसा नहीं हो सकता! मुझे कुछ करना होगा! मुझे किसी-न-किसी तरह महाराणा को यह कदम उठाने से रोकना होगा!''

वे रात भर यही सोचते रहे थे कि क्या करें? महाराणा तक अपने मन की बात कैसे पहुँचाएँ? और अब महाराज अकबर ने पत्र का जवाब उन्हें ही देने के लिए कहकर उनका काम आसान कर दिया था।

पृथ्वीराज कवि थे, इसलिए उन्होंने अपने मन की भावनाओं को शब्दों में ढालते हुए महाराणा प्रताप को एक लम्बी कविता लिखी। इस कविता में राजपूतों के शौर्य और पराक्रम के सुनहरी इतिहास का वर्णन करते हुए उन्होंने महाराणा प्रताप को इस परम्परा के अन्तिम और सबसे गौरवशाली प्रतीक के रूप में चित्रित किया था।

महाराणा प्रताप के पास अकबर के जवाब के रूप में पृथ्वीराज की यह लम्बी कविता पहुँची तो उन्हें हैरानी भी हुई और खुशी भी। उनका मन भर आया और उन्होंने बड़े गर्व के साथ रानी पद्मावती को भी यह कविता दिखाई।

इसके बाद महाराणा प्रताप में एक नए उत्साह का संचार हो गया। उनकी खोई हुई हिम्मत फिर लौट आई।

इस बीच उनके पुराने और वफादार साथी भामाशाह भी उनसे मिलने आ पहुँचे और उनके कदमों में धन-दौलत के ढेर लगाते हुए बोले, ''यह धन आपकी ही कृपाओं का फल है। अब आप इस धन का उपयोग सेना इकट्ठी करके मेवाड़ को स्वतन्त्र करवाने के लिए कीजिए।''

महाराणा इतने स्वाभिमानी थे कि इतनी दुर्दशा में भी इस धन को हाथ लगाने के लिए तैयार नहीं थे। भामाशाह बड़ी मुश्किल से उन्हें यह कहकर राजी कर पाए कि इस धन को समुदाय का ऋण समझकर उसी की भलाई के लिए खर्च किया जाए।

पृथ्वीराज के पत्र और भामाशाह की सामयिक मदद ने मानो सोए शेर को जगा दिया था। महाराणा प्रताप ने फिर से अपनी सेना गठित की और एक के बाद एक मेवाड़ के कई किले मुगलों से वापिस जीत लिए। राजपूतों के अप्रतिम शौर्य और दृढ़-संकल्प की पताका एक बार फिर इन किलों पर फहराने लगी।

लेकिन इससे पहले कि महाराणा पूरे मेवाड़ को मुक्त करवा पाते, उनका स्वास्थ्य जवाब देने लगा। फिर भी वे अजमेर समेत कई महत्त्वपूर्ण किलों को मुगलों से छीनने में सफल रहे थे।

1597 में अपनी मृत्यु-शैय्या पर लेटे-लेटे भी उनको मेवाड़ को मुक्त करवाने की चिन्ता सता रही थी। उन्हें यह भरोसा नहीं था कि उनका बेटा अमर सिंह उनके इस सपने को साकार कर पाएगा।

''अमर सिंह आलसी है, आरामपसन्द है,'' वे दुखी मन से अपने सरदारों से कहते थे, ''वह मेवाड़ को मुक्त करवाने की चिन्ता नहीं करेगा।''

''आप बेफिक्र रहें, महाराज,'' उनके सरदार उन्हें तसल्ली देते हुए कहते थे, ''आपके सपने को हम साकार करेंगे! हम पूरे मेवाड़ को वापस जीतकर दिखाएँगे।''

अमर सिंह भी उन्हें तसल्ली देते थे, पर महाराणा का मन नहीं मानता था। ''मैंने जिस तरह का कठोर जीवन जीया है, जिस तरह की विपत्तियों को झेला है, वह तुम नहीं कर पाओगे। राजपाठ का आराम और युद्ध के मैदान का मैदान दो अलग-अलग चीजें हैं—मैंने हमेशा मुश्किल विकल्प को चुना है।''

महाराणा के प्राण मानो उनके गले मे अटके हुए थे। सभी लोग उन्हें तसल्ली देने की कोशिश कर रहे थे, उन्हें भरोसा दिला रहे थे, पर महाराणा के प्राण नहीं निकल रहे थे।

आखिर सभी सरदारों ने महाराणा के सामने एक स्वर में शपथ ली कि खून की आखिरी बूँद तक मेवाड़ की मर्यादा की रक्षा करेंगे और चित्तौड़ को वापस जीते बिना राजसी भोजन और नरम बिछौने का सुख नहीं भोगेंगे।

इसके बाद ही महाराणा के प्राण निकले।

रवीन्द्रनाथ टैगोर

महाकवि गुरुदेव रवीन्द्रनाथ टैगोर ने अपने जीवन के अस्सी वर्ष पूरे किए थे तो उनके परम मित्र गांधीजी ने उनके नाम अपने शुभकामना सन्देश में लिखा था—"अस्सी हुए, सौ हों।"

इसके जवाब में गुरुदेव टैगोर ने अपने तार में लिखा था—"अस्सी कम दुखदायक नहीं, सौ तो असह्य हो जाएँगे।"

दरअसल पिछले कुछ महीनों से वे गुर्दों की बीमारी से इतने परेशान थे कि बहुत लाचार और असह्य महसूस करने लगे थे। अप्रैल 1941 में उन्होंने अपना आखिरी सार्वजनिक भाषण दिया था। उस समय भी वे इतने कमजोर थे कि उनकी उपस्थिति में उनका यह भाषण किसी दूसरे को पढ़कर सुनाना पड़ा था।

देश को 'जन-गण-मन' के रूप में राष्ट्रगान का अमूल्य उपहार देने वाले और विश्व का सर्वोच्च सम्मान नोबेल पुरस्कार प्राप्त करने वाले महाकवि का अन्तिम समय अब ज्यादा दूर नहीं था।

पिछले कुछ महीनों से गुरुदेव कानों से कम सुन पा रहे थे और उनकी आवाज भी लड़खड़ाने लगी थी। उनकी पुत्रवधु ने उन दिनों को याद करते हुए लिखा है, "यह पहला अवसर था जब मैंने उनकी आँखों से आँसू बहते देखे। उनका अपने-आप पर बड़ा कठोर नियन्त्रण रहता था। वे गहरे-से-गहरे शोक और अवसाद के क्षणों में भी टूटते नहीं थे। उस दिन मुझे ऐसा लगा जैसे उनके भीतर के तटबन्धों ने रास्ता छोड़ दिया हो।"

पर कविता लिखने का उनका मोह तब भी नहीं छूटता था। कभी खुद कुछ लिखने की कोशिश करते तो कभी कलम न पकड़ पाते तो बोलकर दूसरों से लिपिबद्ध करवाते। अपनी रोग शय्या से सम्बन्धित एक कविता में उन्होंने अपनी तुलना सूखे तिनकों से बनी उस डोंगी से की थी—जो नदी की मुख्यधारा से कटकर एक छोटे से टापू की तरह चक्कर काटती रहती है।

बार-बार उठते दर्द और हर रोज सुबह के समय होने वाले बुखार ने उनके शरीर को जर्जर बना दिया था। पर वे अपने मन और अपने जीवन को खाली नहीं होने देना

चाहते थे। वे मीठी गोलियों की शीशी या कुछ चॉकलेट हमेशा अपने पास रखा करते थे, ताकि उनके पास आने वाले बच्चों को खाली हाथ न लौटना पड़े। वे पशु-पक्षियों से भी पहले की तरह ही प्यार करते थे। गली का एक कुत्ता हमेशा उनकी आराम कुर्सी के आसपास मंडराता रहता था। गुरुदेव ने आरोग्य सम्बन्धी एक कविता इसी अनाम कुत्ते पर लिखी थी, जिसने अपनी मूक श्रद्धा से उनका हृदय जीत लिया था।

तबीयत ज्यादा बिगड़ जाती तो उन्हें बिस्तर पकड़ना पड़ता। वे अपनी आरामकुर्सी पर न बैठ पाते। ऐसे अवसरों पर वे खाली कुर्सी की तरफ देखते हुए बहुत उदास हो जाते। अपनी इन्हीं भावनाओं को उन्होंने 'खाली कुर्सी' कविता में व्यक्त किया है। इस कुर्सी से उन्हें बेहद प्यार था, जिस पर बैठकर उन्होंने न जाने कितना सृजन और चिन्तन किया था।

उनके अन्तिम जन्मदिन पर एक खास गीत गाया गया था। यह गीत आज भी उनकी वार्षिक जयन्ती पर गाया जाता है—'स्वयं को इस तरह प्रकाशित करो जैसे सूर्य कोहरे की चादर भेदकर प्रकट होता है। अन्तहीन आश्चर्य का यह अनन्त विस्तार जीवन की विजय और स्वयं को उजागर करने की घोषणा ही तो है।'

मृत्यु से कुछ ही दिन पहले गुरुदेव टैगोर ने एक मार्मिक कविता लिखवाई थीं—'मेरे साथ होगा लोगों का प्रेम और उनकी क्षमा...जब मैं अपनी यात्रा पर निकलूँगा...इस निःशब्द उत्सव के अन्त में।'

सभी डॉक्टर गुरुदेव का कलकत्ता जाकर ऑपरेशन करवाने की सलाह दे रहे थे। लेकिन गुरुदेव इसका विरोध करते हुए कहते थे—"मुझे शान्ति से मरने दो! क्या मैं काफी नहीं जी चुका? अब पंछी के उड़ने का समय आ गया है!"

अपने भतीजे सुरेन्द्रनाथ की मौत की खबर ने भी उन्हें बुरी तरह झकझोर दिया था। वे उन दिनों को याद करते थे जब वे लन्दन में उसे अपने कन्धे पर बिठाकर घुमाया और खेलाया करते थे। अपनी इसी वेदना को अभिव्यक्त करते हुए उन्होंने अपनी पौत्री नंदिता को अपने पास बुलवाकर लिखवाया था—

लो, बहुत हुआ, हे प्रभु–
अब यह सब समेट लो,
समेट लो, इन सबका संग्रहण करो।
निस्तब्धता-प्रखर-रौद्र ताप
सर्वत्र व्याप्त है–असह्य दाह है
निराशा के शब्दहीन दाह का
संहार करो, प्रभु!
हे प्रभु, हे नाथ!

डॉक्टर उन्हें कलकत्ता ले जाने के लिए जोर डाल रहे थे। गुरुदेव उनसे पूछते थे, "इसकी क्या गारंटी है कि ऑपरेशन सफल ही होगा?" डॉक्टर जवाब देते थे,

"हम अपनी तरफ से हर सम्भव प्रयास करेंगे। वैसे तो सब परमात्मा पर निर्भर है।" यह सुनकर गुरुदेव कहते थे, "जब सब कुछ परमात्मा पर निर्भर है तो उसी पर क्यों नहीं छोड़ देते? मुझे यहीं शान्ति से मरने दो।"

लेकिन फिर सभी लोगों और खासकर अपने विद्यार्थियों के जोर देने पर गुरुदेव कलकत्ता जाकर ऑपरेशन करवाने के लिए राजी हो गए। उन्होंने अपने पुत्र रवीन्द्रनाथ टैगोर को बुलाकर उसके हाथ में एक लिफाफा थमा दिया। इस लिफाफे में उनके हस्ताक्षरों सहित उनका यह हस्तलिखित निर्देश था—"मेरे मृत शरीर को श्वेत वस्त्र में लपेटकर शान्ति निकेतन में मेरे निवास-स्थान 'उत्तरायण' के पिछले हिस्से में और आवागढ़ के महाराजा के निवास स्थान के ठीक सामने अग्नि को समर्पित कर दिया जाए।"

जुलाई मास और वर्षा ऋतु की अठखेलियों के बीच उन्हें कलकत्ता ले जाया गया। वहाँ ऑपरेशन से पहले अपनी मृत्युशैय्या पर लेटे-लेटे ही उन्होंने अपनी दो आखिरी कविताएँ लिखवाईं—

मेरे द्वार पर मंडरा रही है
दुख की काली रात बार-बार
इसका एक ही हथियार!

इस कविता का भावार्थ था कि दुख की यह काली रात अँधेरे में छल कर रही है। मैं जब-जब इसकी चोर-मुद्रा को भुलाकर इस पर विश्वास करता हूँ, मुझे हार का मुँह देखना पड़ता है। हार और जीत का यह खेल जीवन की प्रवंचना है। बचपन से ही, हर कदम पर, यह खेल हमें जकड़े रहता है...

अगली सुबह ऑपरेशन की टेबल पर जाने से पहले भी उन्होंने एक कविता लिखवाई। इसका भावार्थ कुछ यूँ था—"संसार के सारे बन्धन टूट जाएँ...महान ब्रह्मांड को अपनी बाँहों में समेट लो, अपने अन्तर में सहेज लो, निर्द्वन्द्व और निर्भीक होकर उस अज्ञात में मिल जाओ।"

जीवन के अन्तिम क्षणों तक की गुरुदेव टैगोर अपने सृजन में जुटे रहे। मानो उनके लिए कविता साँसों की तरह थी। जितनी साँसें बाकी थीं, उतनी ही कविताएँ भी।

ऑपरेशन के बाद वे तो नहीं रहे, पर उनकी साँसों के रूप में दुनिया के पास उनकी ये कविताएँ रह गईं। वही हुआ था, जिसका डर था। ऑपरेशन के बाद वे दो दिन बेहोशी की हालत में रहे, और फिर हमेशा के लिए इस दुनिया से विदा लेकर चले गए।

पर उनकी कविताएँ मानो आज भी उनकी उस अन्तिम वेदना को अभिव्यक्त कर रही हैं और उन्हीं के शब्दों में पुकार-पुकार कर कह रही हैं।

"हे प्रभु! मेरी केवल यह कामना है कि मैं संकटों से डरकर भागूँ नहीं बल्कि उनका सामना करूँ। इसलिए मेरी यह कामना नहीं है कि संकट के समय तुम मेरी

रक्षा करो; मैं तो सिर्फ इतना चाहता हूँ कि तुम मुझे उनसे जूझने की शक्ति दो। मैं यह भी नहीं चाहता कि जब दुख, सन्ताप से मेरा चित्त व्यथित हो जाए तो तुम मुझे सांत्वना दो। मैं अपनी अंजलि के भाव-सुमन, तुम्हारे चरणों में अर्पित करते हुए इतना ही माँगता हूँ कि तुम मुझे अपने दुखों पर विजय पाने की शक्ति दो। जब किसी कष्टदायक और संकट की घड़ी में मुझे कहीं से कोई मदद न मिले तो मैं हिम्मत न हारूँ, किसी और स्रोत से सहायता की याचना न करूँ, न ही उन घड़ियों में मेरा मनोबल ही क्षीण हो। हे प्रभु, मुझे ऐसी दृढ़ता और शक्ति देना कि मैं कठिन से कठिन घड़ियों में भी, संकटों और समस्याओं के सामने दृढ़ रह सकूँ; और तुम्हें हर घड़ी अपने साथ देखते हुए उन्हें हँसी-खेल समझकर अपने चित्त को शान्त रख सकूँ। मैं बस यही प्रार्थना करता हूँ।''

राजा राममोहन राय

अठारहवीं सदी के अन्तिम चरण में भारत में कई सुधारवादी आन्दोलनों की शुरुआत हुई थी। इन समाज सुधारकों ने समाज में व्याप्त अन्ध-विश्वासों और अमानवीय प्रथाओं को दूर करके प्राचीन भारतीय दर्शन और आधुनिक पश्चिमी विचारों में तालमेल स्थापित करने का प्रयास किया। ये प्रयास काफी हद तक सफल भी रहे और भारतीय समाज के आधुनिकीकरण का रास्ता खुला।

इन समाज सुधारकों में सबसे प्रमुख थे राजा राम मोहन राय, जिन्होंने एक महत्त्वपूर्ण सुधारवादी संगठन 'ब्रह्म समाज' की स्थापना की।

राजाराम मोहन राय का जन्म 1772 ईस्वी के आसपास बंगाल के एक सम्पन्न परिवार में हुआ था। उन्होंने पहले वाराणसी में संस्कृत और फिर पटना में अरबी और फारसी की शिक्षा प्राप्त की थी। उन्हें पढ़ने-लिखने और ज्ञान अर्जित करने का बेहद शौक था। अपने इसी शौक के कारण उन्होंने अंग्रेजी, ग्रीक और हिब्रू भाषाएँ भी सीखीं।

राजा राममोहन राय को बहुत कम उम्र में ही एक ऐसा अनुभव हुआ था जिसने उन्हें झकझोर कर रख दिया था। उन्होंने अपने भाई की मृत्यु के बाद उसकी पत्नी को सती होने के लिए मजबूर होते देखा था। इस घटना ने उन पर इतना गहरा प्रभाव छोड़ा कि उन्होंने इस अमानवीय प्रथा को खत्म करने का संकल्प कर लिया।

अपने इसी संकल्प के कारण वे समाज सुधार की राह पर चल पड़े। उन्होंने न केवल हिन्दू धर्म का गहरा अध्ययन किया, बल्कि इस्लाम और ईसाई धर्म के बारे में भी विस्तार से जाना। उन्होंने दो समाचार-पत्र भी शुरू किए—एक बंगला में और दूसरा फारसी में।

राजाराम मोहन राय का मानना था कि धार्मिक कुरीतियों को दूर करने के लिए जनता को धर्मग्रन्थों की सही जानकारी देना जरूरी था। इसलिए उन्होंने वेदों और उपनिषदों के बंगला भाषा में अनुवाद प्रकाशित करवाए। उन्होंने बंगला, हिन्दी, संस्कृत, फारसी और अंग्रेजी में कई ग्रन्थों की रचना भी की।

राजा राममोहन राय भारत में अंग्रेजी शिक्षा के प्रबल समर्थक थे। उनका मानना था कि देश में ज्ञान-विज्ञान को बढ़ावा देने के लिए अंग्रेजी शिक्षा जरूरी थी। वे प्रेम की आजादी और स्त्रियों की शिक्षा और सम्पत्ति के अधिकार के भी प्रबल समर्थक थे।

अपने अथक प्रयासों के परिणामस्वरूप राजाराम मोहन राय 1829 में सती प्रथा पर रोक लगवाने में सफल रहे। अगले वर्ष, 1830 में, उन्होंने 'ब्रह्म समाज' की स्थापना की। उन्होंने मूर्ति-पूजा और धार्मिक अनुष्ठानों का विरोध करते हुए एक सर्वशक्तिमान ईश्वर पर आधारित विश्व धर्म में अपनी आस्था प्रकट की।

उन्हें 'राजा' की उपाधि दी गई और मुगल सम्राट ने उन्हें अपना दूत बनाकर इंग्लैंड भेजा। दो वर्ष बाद, 1833 में, एक आकसमिक बीमारी से विदेश में ही उनकी मृत्यु हो गई।

अपनी मृत्यु से दस दिन पहले तक राजा राममोहन राय बिल्कुल भले-चंगे थे।

वे सितम्बर के महीने में अपने सेवक और रसोइए के समय ब्रिस्टल नामक शहर में गए थे। डेविड हेयर की बहन कुमारी हेयर भी उनके साथ थीं। उनके स्वागत में ब्रिस्टल के निवासियों ने 17 सितम्बर को एक विशाल सभा का आयोजन किया था। इस सभा में कई बड़े-बड़े विद्वान उपस्थित थे। राजाराम मोहन राय सभा को सम्बोधित करने के लिए खड़े हुए तो तीन घंटे तक लगातार बोलते रहे। श्रोता उनके प्रशान्त और प्रभावशाली व्यक्तित्व से अत्यधिक प्रभावित थे और उनकी विद्वता और वाक्-कला पर मन्त्रमुग्ध रह गए थे। उन्होंने पूरब के गौरवपूर्ण इतिहास को उदाहरणों के साथ बड़े प्रभावशाली ढंग से श्रोताओं के सामने रखा। उन्होंने उनकी जिज्ञासाओं का समाधान किया और बहुत साफ शब्दों में और सुलझे हुए ढंग से उन्हें भारत के धार्मिक मतों और संस्कृति से परिचित करवाया।

उस समय किसी ने कल्पना भी नहीं की थी कि यह आलौकिक व्यक्तित्व कुछ ही दिनों में इस दुनिया से लुप्त हो जाएगी।

सभा के बाद राजाराम मोहन राय शहर में अपने मित्रों और प्रशंसकों से मिलते रहे थे। उनके अधिकांश मित्र यूनिटेरियन चर्च के सदस्य थे। राजा उनके साथ उनके गिरिजाघर में भी गए। उन्हें गिरिजाघर की प्रार्थना और उपदेश अच्छे लगे। उन्होंने कहा, ''मैं ईसा को ईश्वर न मानकर ईश्वर में विश्वास से प्रेरित एक महान व्यक्ति मानता हूँ और उनके प्रति श्रद्धा रखता हूँ।''

उस शाम वे बहुत ज्यादा थक गए थे। उनकी तबीयत बिगड़ने लगी तो मित्रों को लगा कि शायद यह थकान से पैदा हुई शिथिलता मात्र थी। उस समय तक पश्चिमी चिकित्सा प्रणाली ने इतनी उन्नति भी नहीं की थी। इसलिए कुछ स्थानीय चिकित्सक ही अपनी समझ से उनका हल्का-फुल्का इलाज करते रहे।

राजा राममोहन राय के कुछ शिष्य और प्रशंसक उनके साथ थे और उनकी लगातार देखभाल कर रहे थे। लेकिन तीन दिन बाद भी उनकी तबीयत न सँभली तो रोग कुछ कठिन जान पड़ने लगा।

आखिर लन्दन के एक प्रसिद्ध चिकित्सक को बुलाया गया। उसने राजा जी की जाँच करने के बाद कहा कि उनका रोग असाध्य जान पड़ता था, जिसका चिकित्सा जगत के पास कोई इलाज नहीं था।

राजाराम मोहन राय समझ गए कि उनका अन्तिम समय आ पहुँचा है। उन्होंने मित्रों और प्रशंसकों की सेवा के लिए अपनी कृतज्ञता व्यक्त करते हुए कहा कि उनका अन्तिम संस्कार ईसाई धर्म के अनुसार न करके हिन्दू रीति-रिवाजों के अनुसार किया जाए।

27 सितम्बर, 1833 का दिन आते-आते सब लोग समझ चुके थे कि इस महायोगी के महाप्रयाण का समय आ गया है। अब उनकी महायात्रा में कोई बाधा नहीं खड़ी की जा सकती। दिन-रात उनकी सेवा में जुटीं कुमारी हेयर, कुमारी केथरिन कासल, मि. किडेल और डॉ. कारपेंटर भी उम्मीद छोड़ चुके थे।

उनकी आखिरी घड़ियों का वर्णन करते हुए उनके एक प्रशंसक ने लिखा है— ''रात का एक बज रहा था। मैंने खिड़की से बाहर झाँका तो आकाश बिल्कुल निर्मल दिखाई दिया। चारों ओर चाँदनी फैली हुई थी। आसपास के सभी गाँव गहरी निस्तब्धता में डूबे हुए थे। इस शान्त, ग्रामीण वातावरण में एक अनुपम सुन्दरता झलक रही थी। इधर कमरे के अन्दर एक असाधारण व्यक्ति का जीवन दीप बुझने ही वाला था। धैर्य के साथ अन्तिम पल की प्रतीक्षा करने के अलावा और किया ही क्या जा सकता था? वह एक ऐसी रात थी, जो कभी नहीं भुलाई जा सकती।''

उनकी एक अन्य प्रशंसिका के अनुसार—''इस महायोगी ने अपने परिवार और स्वदेश से दूर ब्रिस्टल में अपने अतिप्रिय शब्द 'ओंकार' का उच्चारण किया और अनन्त और अमृत की ओर अपनी यात्रा पर चल दिया। सभी को बंधनों से मुक्त करने वाला, मुक्ति की राह दिखाने वाला आज खुद अपने बन्धनों से मुक्त हो गया था।''

कुमारी केथरिन कासल के स्पेटलन ग्रोव स्थित घर के प्रांगण में उनकी अंत्येष्टि सम्पन्न की गई, जो आज भारतीयों के लिए किसी तीर्थ-स्थान से कम नहीं है।

रामधारी सिंह दिनकर

राष्ट्रकवि दिनकर 24 अप्रैल, 1974 को अपनी मृत्यु से सिर्फ एक दिन पहले तिरुपति के वेंकटेश्वर मन्दिर में बालाजी के दर्शन करने गए थे।

दक्षिण भारत की सांस्कृतिक और धार्मिक परम्पराओं को लेकर उनके मन में एक खास तरह का आकर्षण था। पिछले आठ-दस वर्षों से वे अक्सर मिलते ही दक्षिण भारत की यात्रा पर निकल पड़ते थे—कभी दक्षिण भारत हिन्दी प्रचार सभा के समारोह में भाग लेने या दीक्षान्त भाषण देने के लिए, तो कभी वहाँ के प्रमुख मन्दिरों के दर्शन करने या तीर्थ-स्थलों का भ्रमण करने के लिए।

इस बार भी वे भगवान बालाजी के दर्शन करने निकले थे। 'हटो व्योम के मेघ पथ से!' कहकर गरजने वाला और देव प्रतिमा के सामने 'फूँक-फूँक ज्वाला अम्बर में' का उद्घोष करने वाला महाकवि मानो अपने जीवन की संध्या-वेला में 'हारे को हरिनाम' का जाप करते हुए तीर्थयात्रा पर निकल पड़ा था।

दरअसल पिछले पन्द्रह-बीस वर्षों से मधुमेह और उच्च रक्तचाप जैसे रोगों ने दिनकर जी को अपनी चपेट में ले रखा था। उनको अपने खानपान में बहुत संयम बरतना पड़ता था। मधुमेह से बचाव के लिए वे रोज खुद ही इन्स्युलिन का इंजेक्शन ले लेते थे और डॉक्टरों की सलाह के अनुसार अपनी जीवन-शैली पर यथासम्भव नियन्त्रण रखने की कोशिश करते थे। फिर भी उनका बालसुलभ मन कभी-कभी मचल जाता था और वे किसी के घर जलेबी, मिठाई, भात या फिर कोई दूसरी वर्जित चीज खा लेते थे। इसके बाद अकसर डॉक्टर के पास भागने की नौबत आ जाती थी।

दिनकर जी अपने रोगों के बारे में अधिकाधिक जानकारी प्राप्त करने की कोशिश करते थे। कई बार वे आधुनिक चिकित्सा-विज्ञान से जुड़ी अदभुत बातें या मजेदार किस्से भी सुनाते रहते थे। उन्हें अपने साथ-साथ अपने मित्रों और सम्बन्धियों के स्वास्थ्य की भी चिन्ता रहती थी।

दिनकर जी में अद्‌भुत इच्छा-शक्ति थी। जो आदत वे एक बार छोड़ देते थे उसे भूलकर भी दोबारा नहीं पकड़ते थे। डॉक्टरों के कहने पर उन्होंने बहुत पहले ही

पान खाना छोड़ दिया था। एक बार जो छोड़ा तो फिर दोबारा कभी हाथ नहीं लगाया। यही सिगरेट के साथ भी हुआ। डॉक्टरों की सलाह पर उन्होंने पाँच-छह वर्ष पहले सिगरेट छोड़ी तो फिर कभी नहीं पी।

उनकी परीक्षा की घड़ी तब आई जब मार्च 1973 में डॉक्टरों ने उन्हें खैनी छोड़ने के लिए भी कहा। खैनी उन पर सबसे ज्यादा हावी थी। खैनी का सेवन करने के बाद ही वे कलम पकड़ते थे और पद्य या गद्य की रचना करते थे।

लेकिन दिनकर जी ने यह कमाल भी कर दिखाया। उन्होंने खैनी भी छोड़ दी। हाँ, वे इतना जरूर कहते रहते थे, "खैनी के बिना यह दुनिया दुनिया नहीं लगती!" लेकिन वे यह भी स्वीकार करते थे कि खैनी छोड़ने के बाद दिल पर सचमुच ही अच्छा असर हुआ था।

जीवन की सन्ध्या-वेला में दिनकर जी को शारीरिक बीमारियों के साथ-साथ मानसिक परेशानियों का भी शिकार होना पड़ा। बल्कि ये परेशानियाँ शारीरिक बीमारियों से कहीं ज्यादा कष्टदायक थीं।

1963 में उनकी चर्चित पुस्तक 'परशुराम की प्रतीक्षा' प्रकाशित हुई थी। इसके बाद ही वे मानसिक शान्ति और संयुक्त परिवार के सुख से वंचित होते चले गए थे। उनका मानना था कि इन चार वर्षों में भगवान ने उन्हें इस प्रकार आग में झोंक दिया था जैसे भुट्टे को भट्टी में पकाया जाता है। 'दिनकरनामा' पुस्तक के अनुसार, चार वर्षों की इस गृह-कलह के परिणामस्वरूप उनके ज्येष्ठ पुत्र का देहान्त हो गया।

जनवरी 1974 में दिनकर जी ने 'रश्मिलोक' में अपनी व्यथा व्यक्त करते हुए कहा था, "इन चार वर्षों में मैंने जो दर्द भोगा, जो अपमान और प्रहार सहे, जो निराशा झेली और जिस आग में तपा, वह सबका सब सचमुच अवर्णनीय है। आश्चर्य यह है कि इन विपत्तियों के आघात से मेरी मृत्यु क्यों नहीं हो गई। जो किसी चोट से नहीं मरता बिहार में उस जीव को 'अस्सब' कहते हैं। मेरा ख्याल है कि सभी जीवों में सबसे अस्सब जीव मनुष्य ही है और मैं अपने आपको सभी मनुष्यों में सबसे अस्सब मनुष्य मानता हूँ।"

यह जनवरी 1974 की बात है। इसके तीन महीने बाद अप्रैल 1974 में दिनकर जी ने अपने निकटस्थ के राजा बुद्धिराजा से कहा, "इसी कुर्सी पर बैठे-बैठे आज मैं तुमसे कह रहा हूँ कि तुम्हारे यहाँ यह मेरा आखिरी भोजन है। अब मैं ज्यादा दिन जीने वाला नहीं हूँ।"

यह भी एक विचित्र संयोग है कि दिनकरजी के अग्रज के पास मौजूद 'राशिमाला' नामक पुस्तिका—जो 1938 में छपी थी—में दिनकर जी के राशि-फल में लिखा हुआ था—'65 वर्ष और कुछ महीने में किसी तीर्थ-स्थान में मृत्यु होगी।'

दिनकर जी सचमुच ही 65 वर्ष और 7 महीने जीए, और घर-परिवार से सैकड़ों मील दूर एक तीर्थ-यात्रा के दौरान ही उनकी मृत्यु हुई।

शायद उपरोक्त मानसिक परेशानियों ने भी दिनकर जी को दक्षिण भारत की सांस्कृतिक और धार्मिक परम्पराओं, मन्दिरों और तीर्थ-स्थनों की तरफ मोड़ दिया हो।

यूँ अपने जीवन के अन्तिम दिन दिनकर जी ने इस तरह गुजारे थे जैसे उनके दिल पर किसी तरह का बोझ न रह गया हो। मृत्यु से सिर्फ तीन-चार घंटे पहले तक वे मद्रास के समुद्र-तट पर बड़े मन से अपने कुछ मित्रों को अपनी कविताएँ सुना रहे थे—

सुनूँ क्या सिन्धु मैं गर्जन तुम्हारा
स्वयं युगधर्म का हुंकारा हूँ मैं!

लेकिन कुछ ही घंटों में मानो सब कुछ बदल गया। रात गयारह-साढ़े ग्यारह बजे उन्हें दिल का दौरा पड़ा और साढ़े बारह बजे शहर के एक नर्सिंग होम में दाखिल होते-होते उन्होंने दम तोड़ दिया।

अगले दिन 25 अप्रैल, 1974 को उनके पार्थिव शरीर को दिल्ली के रास्ते पटना लाया गया। हवाई अड्डे पर शोकाकुल साहित्यकारों, बुद्धिजीवियों, पत्रकारों, छात्रों और राजनेताओं की भारी भीड़ जमा थी। ताबूत में बन्द उनके पार्थिव शरीर को राजेन्द्र नगर, पटना के उनके निवास-स्थान पर लाया गया।

तब तक दिनकरजी के पुश्तैनी गाँव सिमरिया से उनके सभी सम्बन्धी भी पटना पहुँच चुके थे। उनके पार्थिव शरीर को बाहर निकाला गया तो ऐसा लग रहा था मानो दिनकरजी बड़ी शान्ति से गहरी नींद में सो रहे हों। उनकी 95 वर्षीय वयोवृद्ध माँ अपने 'नूनू' को निष्प्राण देखकर तड़प उठीं। एक माँ की भावनाओं का वर्णन करना बहुत कठिन है। दिनकर जी के बड़े भाई बसन्त बाबू स्वयं भी रोगग्रस्त थे। उनमें इतनी शक्ति भी नहीं थी कि दो आँसू बहाकर अपना दुख प्रकट कर सकें। वे गुमसुम-से दिखाई दे रहे थे।

पटना के बांसघाट पर दिनकर जी की अंत्येष्टि सम्पन्न हुई तो वहाँ जमा हजारों की भीड़ मन-ही-मन उनकी विभिन्न कविताओं की प्रसिद्ध पंक्तियाँ दोहरा रही थी। रात के गहन अन्धकार में उनके कनिष्ठ पुत्र केदार जी ने चिता मुखाग्नि दी। दिनकर जी के प्रशंसकों और भक्तों को बरबस ही उनकी 'श्मशान' नामक कविता का स्मरण हो आया, जो कुछ इस प्रकार है--

रोने की क्या बात
जन्म का यहीं कहीं उद्‌गम है।
पर्वत का वह मूल
जहाँ से सभी स्रोत चलते हैं।

आखिर को हम पहुँच ही गए
वहाँ जहाँ से शुरू किया था।
कफन और पोशाक छटी की
दोनों एक वसन हैं।

लाल बहादुर शास्त्री

लाल बहादुर शास्त्री की मृत्यु अपनी मातृभूमि से दूर विदेशी धरती पर हुई थी। वे 1965 के भारत-पाक युद्ध के बाद समझौते के लिए ताशकन्द (रूस) गए थे। वहीं उन्होंने अपने जीवन की अन्तिम साँसें लीं।

अत्यन्त निर्धनता और अभावों में पले-बढ़े लाल बहादुर शास्त्री मिट्टी से जुड़े हुए नेता था। वे गांधीजी के सच्चे भक्त और अनुयायी थे और मूल्यों और सिद्धान्तों पर आधारित राजनीति में विश्वास करते थे।

वे भारत के पहले प्रधानमन्त्री जवाहरलाल नेहरू के केबिनेट में रेलमन्त्री थे। एक रेल दुर्घटना के बाद उन्होंने अपनी नैतिक जिम्मेदारी स्वीकार करते हुए अपने पद से इस्तीफा दे दिया। बहुत जोर देने पर भी वे इसे वापस लेने के लिए तैयार नहीं हुए।

बाद में भारत-चीन युद्ध के दौरान वे देश के गृहमन्त्री रहे। इस युद्ध में भारत को जिस तरह की हार का सामना करना पड़ा, उसका उनके दिल पर बहुत गहरा असर पड़ा। तीन वर्ष बाद ही, 1965 में, जब उनके प्रधानमन्त्री-काल में भारत-पाक युद्ध हुआ तो उन्होंने इस युद्ध में भारत को ऐतिहासिक विजय दिलाई।

लाल बहादुर शास्त्री छोटे कद किन्तु ऊँची सोच और विचारों वाले नेता थे। उनकी सादगी, स्पष्टवादिता, नम्रता और संयम उनके सबसे लुभावने गुण थे। यही कारण था कि जब 1964 में नेहरू ने निधन के बाद उनके उत्तराधिकारी का प्रश्न उठा तो पार्टी के अधिकांश नेताओं ने उन्हीं का चुनाव किया।

सीधे-सादे, शान्त और बहुत कम बोलनेवाले लाल बहादुर शास्त्री देश के दूसरे प्रधानमन्त्री बने। तब लोगों को लगा था कि वे एक कमजोर प्रधानमन्त्री थे और देश को एक दृढ़ और प्रभावशाली नेतृत्व नहीं दे पाएँगे। लेकिन जल्दी ही शास्त्री ने दिखा दिया कि एक छोटा आदमी कितने बड़े काम कर सकता था। उन्होंने देशवासियों को यह भी दिखा दिया कि वे ऊपर से जितने शान्त और मृदुभाषी थे, अन्दर से उतने ही दृढ़, संकल्पबद्ध और निर्भीक।

1965 में पाकिस्तान ने एक बार फिर भारत को ललकारा। जनरल अयूब खां

का ख्याल था कि भारत सरकार की कमान एक कमजोर व्यक्ति के हाथ में थी, इसलिए कश्मीर को हड़पने का अच्छा अवसर था।

लेकिन पाकिस्तान ने कश्मीर पर हाथ डाला तो प्रधानमन्त्री शास्त्री ने भारतीय सेनाओं को पाकिस्तान में घुसकर लाहौर पर कब्जा करने का आदेश दिया। इससे पाकिस्तान के हाथ-पाँव फूल गए। उसने कल्पना भी नहीं की थी कि भारत न सिर्फ कश्मीर में उसे कड़ी टक्कर देगा, बल्कि पंजाब का मोर्चा भी खोल देगा। शास्त्री के निर्भीक तेवरों और दृढ़ नेतृत्व ने पाकिस्तान को घुटने टेकने और युद्ध-विराम स्वीकार करने पर विवश कर दिया।

इसके बाद शास्त्री देश के अत्यन्त लोकप्रिय नेता बन गए। उनका नया नारा 'जय जवान, जय किसान' हर तरफ गूँजने लगा। कश्मीर और पंजाब दोनों जगह भारत की ऐतिहासिक जीत ने देश की साख और प्रतिष्ठा को बहुत ज्यादा बढ़ा दिया था और सेना का खोया हुआ आत्म-विश्वास लौटा दिया था। इसके बाद भारत से टक्कर लेने के मामले में पाकिस्तान हमेशा फूँक-फूँककर कदम रखने लगा।

इसी युद्ध के बाद, जनवरी 1966 के शुरू में वे दोनों देशों के बीच शान्ति समझौते के लिए ताशकन्द गए थे। रूस भारत का मित्र था। पाकिस्तान को भी उस पर विश्वास था।

शास्त्री जानते थे कि देश की जनता और सेना नहीं चाहती थी कि कश्मीर और पंजाब में पाकिस्तान के जीते हुए इलाकों को लौटाया जाए, खासकर कश्मीर में। लेकिन वे यह भी जानते थे कि अन्तर्राष्ट्रीय कानूनों और मर्यादाओं के अनुसार कोई भी विजयी देश युद्ध में जीते हुए इलाकों को अपने पास नहीं रख सकता। 1962 में चीन भी भारत के अधिकांश जीते हुए इलाकों को खाली करके पीछे हट गया था।

शास्त्री सिर्फ इतना चाहते थे कि पाकिस्तान को किसी ऐसे लिखित समझौते के लिए राजी कर लिया जाए कि वह दोबारा कभी दोनों देशों के विवादों को युद्ध के माध्यम से सुलझाने की कोशिश नहीं करेगा।

इसलिए ताशकंद वार्त्ता के ये कुछ दिन शास्त्री के लिए बड़ी दुविधा और उलझन भरे दिन थे, जो उनके जीवन के अन्तिम दिन साबित हुए। वे अपने देश की जनता की उम्मीदों पर खरे भी उतरना चाहते थे और पाकिस्तान के साथ शान्ति भी स्थापित करना चाहते थे।

समझौते पर हस्ताक्षर हो जाने के बाद भी वे इसी चिन्ता में डूबे रहे कि देश में इसकी क्या प्रतिक्रिया होगी। युद्ध में इतनी दृढ़ता और निर्भीकता का प्रदर्शन करने के बावजूद वे बहुत भावुक व्यक्ति थे। उनका दिल बहुत कोमल था। वे किसी की भावनाओं को आहत करने की कल्पना भी नहीं कर सकते थे, खासकर अपने प्यारे देशवासियों की।

10 जनवरी, 1966 को रात के भोजन के बाद उन्होंने दिल्ली फोन मिलाकर

अपने परिवार से बात की। उन्हें पता चला कि यह समझौता उनके घरवालों को पसन्द नहीं आया था, खासकर उनकी पत्नी ललिता को।

शास्त्री के कोमल मन को एक झटका-सा लगा। अगर घरवाले उनके फैसले से खुश नहीं थे तो बाहर वाले क्या सोच रहे होंगे? वे बहुत देर तक इसी चिन्ता में डूबे अपने कमरे में चहलकदमी करते रहे।

उनका एक सेवक उन्हीं के कमरे में फर्श पर बिस्तर बिछाकर सोया करता था। लेकिन उस रात शास्त्री जी ने उसे भी अन्य सेवकों के कमरे में भेज दिया, ताकि सुबह जल्दी उठकर भारत वापसी की तैयारी की जा सके। इसके बाद शास्त्री अकेले ही कमरे में चहलकदमी करने लगे। उन्हें नींद नहीं आ रही थी।

भारतीय समय के अनुसार रात के लगभग ढाई बजे (तब ताशकन्द में रात के डेढ़ बजे थे) उन्होंने सेवकों के कमरे का दरवाजा खटखटाकर पानी माँगा, और फिर उनको देखते-ही-देखते बेहोश हो गए। उन्हें उनके कमरे तक पहुँचाया गया और तुरन्त डॉक्टरों को बुलाया गया। लेकिन डॉक्टरों ने उनकी जाँच के बाद अपने हाथ खड़े कर दिए। शास्त्री इस दुनिया से विदा ले चुके थे।

अगली सुबह उनकी मृत्यु की खबर सुनकर पूरे देश में शोक की लहर दौड़ गई। यह घटना विदेशी भूमि पर होने के कारण इसमें किसी षड्यन्त्र या पाकिस्तान का हाथ होने की आशंकाएँ भी व्यक्त की जाने लगीं। लेकिन जाँच के बाद ये आशंकाएँ निराधार साबित हुईं।

लाल बहादुर शास्त्री ने सिर्फ अठारह महीनों के लिए प्रधानमन्त्री का पद सँभाला था। लेकिन इतने कम समय में ही उनकी लोकप्रियता आसमान पर पहुँच गई थी। वे छोटे कद के एक विराट नेता साबित हुए थे।

शास्त्री मरते-मरते भी न सिर्फ कश्मीर को भारत का अभिन्न अंग बना गए, पाकिस्तान को एक कड़ा सबक सिखा दिया, बल्कि देश को 'जय जवान, जय किसान' के रूप में एक अविस्मरणीय नारा भी दे गए।

दिल्ली में राजघाट में उनकी समाधि पर यही नारा अंकित है।

विनायक राव सावरकर

स्वतन्त्रता वीर सावरकर के नाम से जाने जाने वाले विनायक राव सावरकर 1911 से लेकर 1921 तक काले पानी की सजा भुगतते हुए अंडमान की जेल की एक काल कोठरी में बन्द रहे।

उन्हें दोहरे आजीवन कारावास अर्थात् 50 वर्ष की कैद की सजा सुनाई गई थी। लेकिन दस वर्ष बाद उन्हें इस शर्त पर छोड़ दिया गया कि वे हिंसा का रास्ता त्याग देंगे। इसके बाद वे स्वतन्त्रता आन्दोलन के दौरान और इसके बाद भी देश की राजनीति से सक्रिय रूप से जुड़े रहे।

जहाँ चन्द्रशेखर 'आजाद', रामप्रसाद बिस्मिल और भगत सिंह जैसे क्रान्तिकारियों ने भारत में रहकर ही क्रान्ति के माध्यम से अंग्रेजों को उखाड़ फेंकने की कोशिश की, वहीं विनायक राव सावरकर ने अंग्रेजों के गढ़ लन्दन में जाकर उनको ललकारा था। उनकी क्रान्तिकारी गतिविधियों से ब्रिटिश हुकूमत इतनी घबरा गई कि हाथ धोकर उनके पीछे पड़ गई। लेकिन सावरकर बार-बार ब्रिटिश पुलिस को चकमा देते रहे और कभी पेरिस तो कभी कहीं और छिपकर ब्रिटिश हुकूमत के खिलाफ क्रान्तिकारी गतिविधियाँ चलाते रहे। उन्होंने इंग्लैंड में 'इंडिया हाउस' नामक एक क्रान्तिकारी संस्था की स्थापना की थी।

1910 में जब उन्हें गिरफ्तार करके भारत लाया जा रहा था तो सावरकर पहरेदारों की आँख बचाकर समुद्री जहाज से भी निकल भागने में सफल हो गए। वे जहाज के एक छेद से नीचे समुद्र में कूद पड़े और तैरकर फ्रांस की सीमा में जा पहुँचे। लेकिन फ्रांसीसी पुलिसकर्मियों ने उनकी मदद करने की बजाय उन्हें पकड़कर जहाज के कप्तान और ब्रिटिश पुलिस के हवाले कर दिया।

भारत में एक विशेष अदालत में उन पर एक साथ तीन मुकदमे चलाए गए। उन्हें ब्रिटिश तख्त के खिलाफ विद्रोह करने, लन्दन में हथियार जमा करके उनका वितरण करने, और पहले भारत में और फिर लन्दन में राजद्रोह भड़काने वाले भाषण देने के अपराधों के दोहरे आजीवन कारावास की सजा सुनाई गई।

23 दिसम्बर, 1910 को उन्हें यह सजा सुनाते हुए न्यायाधीश ने कहा था,

''तुम्हें तीन-तीन अपराध करने के लिए फांसी की सजा दी जानी चाहिए थी, लेकिन हम तुम पर रहम खाते हुए तुम्हें आजीवन काले पानी की सजा देते हैं।''

सावरकर को अंडमान की जेल में कैदियों की पोशाक के साथ-साथ एक बिल्ला भी दिया गया था। उनके बिल्ले का नम्बर था—'32778-डी'। 'डी' का अर्थ था 'डेंजरज', अर्थात् बड़ा खतरनाक कैदी। उन्हें पचास वर्ष बाद उनकी रिहाई की तारीख भी बात दी गई थी। जेल अधिकारी ने व्यंग्य भरी हँसी के साथ कहा था—''आपको 1960 में अवश्य ही मुक्त कर दिया जाएगा—बशर्ते कि मृत्यु इससे पहले ही आपको मुक्ति प्रदान न कर दे!''

सावरकर ने जेल अधिकारी के व्यंग्य की परवाह न करके नहले पर दहला मारते हुए कहा था—''ब्रिटिश सरकार ने मुझे दो जन्मों का कारावास देकर हिन्दुओं के पुनर्जन्म के सिद्धान्त को स्वीकार कर लिया है! क्या यह ईसाई मत की धारणा की हार नहीं है?''

अंडमान की सेल्युलर जेल में अपनी कैद के दौरान ही सावरकर ने 'हिन्दुत्व' शब्द की रचना की और यह व्याख्या भी की कि यह 'हिन्दुवाद' शब्द से किस तरह अलग था। दस वर्ष बाद अपनी रिहाई के बाद वे बड़ी सक्रियता से 'हिन्दुत्व' के प्रचार-प्रसार में जुटे रहे और 'हिन्दू महासभा' नामक एक शक्तिशाली संगठन के अध्यक्ष रहे।

सावरकर के विचार कांग्रेस के विचारों से मेल नहीं खाते थे, इसलिए उन्होंने 1942 के 'भारत छोड़ो आन्दोलन' का भी विरोध किया था। अपने कट्टर हिन्दुत्ववादी विचारों के कारण गांधीजी की हत्या के बाद वे भी सन्देह के घेरे में आ गए थे, लेकिन उनके खिलाफ कोई भी प्रमाण नहीं मिल पाया। यूँ भी वे बहुत पहले ही हिंसा का रास्ता छोड़ चुके थे।

1966 में उनकी मृत्यु हुई तो उन्हें अंडमान की जेल से छूटे लगभग पचपन वर्ष हो चुके थे। लेकिन अपने कारावास के दौरान भी सावरकर को मृत्यु से साक्षात्कार का एक विचित्र अनुभव हुआ था। तब उन्होंने मृत्यु को सम्बोधित करते हुए मराठी में एक लम्बी कविता लिखी थी। इस कविता का भावार्थ कुछ इस प्रकार था—

हे मृत्यु,
यदि तू आने के लिए तैयार ही है तो तेरा सहर्ष स्वागत है
कोमल फूल कुम्हलाने से डरते हैं
रस से भरे अंगूर सूखने से डरते हैं
पर मैं तुझसे क्यों करूँ?
मैं अपने प्याले से आँसुओं की शराब पीता रहता हूँ
जो अभी खत्म नहीं हुई है
यदि तुझे भी इसका स्वाद चखना हो, तो जरूर आना!

दरअसल उनकी तबीयत बहुत ज्यादा खराब हो गई थी। लगभग एक वर्ष तक वे केवल दूध पर ही जीवित रहे थे और बिस्तर से नहीं उठ पाए थे। उन्हीं दिनों उन्होंने इस लम्बी कविता की रचना की थी। उन्होंने आगे लिखा था—

"अगर तू कहे, 'अभी तो तेरे दिन बाकी हैं, अभी तो तू जवान है', तो मैं कहूँगा कि जीवन के बहुत-से छोटे-बड़े काम खत्म हो चुके हैं और जोड़-तोड़ करके, मैंने अपने जन्म का कर्ज़ चुका दिया है। आशा की श्मशान-भूमि में मैंने 12 वर्ष तक तपस्या करके ऋषि-ऋण चुकाया है। जीवन की रणभूमि में अस्थियाँ और मांस ईंधन की तरह जल गए हैं और आज मेरे पास यौवन की सिर्फ राख बची हुई है।

"मैंने सत्कुल में जन्म लिया। सुन्दर देह और परम दयालु माता-पिता मिले। उनसे भी अधिक प्यार लुटाने और मेरा भरण-पोषण करने वाला तपस्वी ज्येष्ठ भ्राता मिलन। साक्षात् विनयशीलता की प्रतिमूर्ति-सा छोटा भाई मिला। मुझे सभी परिजनों का भरपूर प्यार मिला। मनुष्य के जीवन को सार्थक करने वाला और उसके चरित्र की पवित्रता प्रदान करने वाला महान आदर्श भी मुझे मिला। कुछ जप-तप किया और थोड़ा-सा यश, थोड़ा-सा मान-सम्मान मिला। नाना प्रकार के रसों का स्वाद चखा। सैकड़ों प्रदेशों की जलवायु की मधुर सुगन्ध को अपनी साँसों में महसूस किया। पंचाग्नि के प्रचार दाहक उत्ताप से लेकर प्रीति के मृदु एवं स्निग्ध आलिंगनों तक के स्पर्श का अनुभव किया। सैकड़ों सुरों, सैकड़ों भाषाओं, सैकड़ों कंठों के मधुर श्रवण का आनन्द लिया। मृत्यु के कठोर कंठ की घरघराहट भी सुनी। नाना प्रकार के देशों, जातियों और लोगों को देखा। संसार रूपी महासंग्रहालय में घूमते-टहलते भिन्न-भिन्न दृश्य देखें। सुन्दरता भी देखी, कुरूपता भी देखी। मृत्यु, अगर तू चाहे तो अब इन आँखों को सदा के लिए मूँद दें!

"अगर तू इन आँखों को बन्द करना चाहे तो कर, पर इन आँखों ने बहुत कम देखा है। प्रीति के मधुर रस का आस्वादन करने ही वाला था कि विरह की वेला आ गई। जिस बोझ को प्रौढ़ वृषभ भी नहीं उठा सकता, उसे तरुणावस्था में और भरी दोपहरी में मुझे उठाना पड़ रहा है। इसलिए आयु की चाँदनी में खेलने की इच्छा अभी पूरी नहीं हुई है। मैं जानता हूँ कि ययाति राजा समस्त जीवन प्रेम-क्रीड़ा में लिप्त रहे थे तो भी उनकी लालसा तृप्त नहीं हुई थी। मैंने देखा है कि इच्छा के बीज से भोग का फल पैदा होता है, और उसमें से फिर इच्छा का बीज ही निकलता है। यदि मेरे जीवन-ग्रन्थ के भविष्य के पृष्ठ पिछले पृष्ठों की पुनरावृत्ति से ही भरने वाले हों तो मैं तुझसे कहूँगा कि इस जीवन-ग्रन्थ के पृष्ठ यहीं खत्म कर दे। मैंने अपना दिन व्यर्थ ही नष्ट नहीं किया है, इसलिए मुझे उसके डूबने का दुख नहीं है।

"मुझे आने वाले कल का भी भय नहीं है। अगर मृत्यु की अन्धकारपूर्ण लता पर ही दूसरा दिन उगने वाला हो तो भी मुझे भय नहीं है। सयाने लोग कहते हैं कि जो कुछ हम यहाँ बोते हैं, उसी का फल वहाँ मिलता है। मैंने बड़े कष्ट उठाकर उन

बीजों को बोने की कोशिश की है जो परमात्मा ने अति उत्तम समझकर और फल की आशा न रखते हुए मुझे बोने के लिए दिए थे। परमात्मा की आज्ञा थी—'तू जिस तरह के कार्य करेगा, दूसरे लोग भी वैसी परिस्थितियों में वैसे ही कार्य करेंगे। इसलिए ऐसे कार्य करना जिनसे लोक-विनाश न हो।' मैंने बचपन से ही इस आज्ञा का पालन करने का प्रयत्न किया है। 'तू दूसरों के साथ वैसा ही व्यवहार कर, जैसा तू अपने साथ दूसरे लोगों का देखना चाहता है।' मैंने इस सन्त-वचन का भी हर क्षण पालन करने का प्रयत्न किया है। अगर मैंने किसी दूसरे मार्ग का अनुसरण किया है तो मात्र आपद धर्म समझकर, क्योंकि स्वयं धर्म ने ही मुझे इसके लिए बाध्य किया है।

''मैं कभी-कभी कारावास के आँगन में हरी घास के गलीचे पर कुछ कदम चलता हूँ तो मेरा मन अपने-आपको धिक्कारने लगता है। मैं एक ही जगह खड़ा रह जाता हूँ और उस कोमल हरितिमा को कुचलने के लिए मेरे कदम आगे नहीं बढ़ पाते। इसी तरह, भोजन करते समय भी मेरे हाथ का कौर हाथ में ही रह जाता है और मैं सोचने लगता हूँ कि इसमें जो अन्न-कण हैं, वे सब बीज ही तो हैं। जितने बीज हम खाते हैं, उतनी ही भ्रूण हत्याएँ करते हैं। मुझे ऐसा लगता है जैसे मैं पागल हो जाऊँगा। मैं सभी वस्तुओं को अपने जैसा समझकर व्यवहार करने की कोशिश करता हूँ तो मुझे पग-पग पर यह पीड़ाजनक अहसास होता है कि हम चाहकर भी अपने विचारों के अनुरूप आचार-व्यवहार नहीं कर सकते। फिर भी मैं प्रयत्न जरूर करता हूँ। अज्ञान अथवा असशक्ततावश मुझसे कोई भूल हो जाती हो तो अलग बात है। इसी कारण मुझे भविष्य या मृत्यु का भय नहीं है। श्मशान-भूमि के उस पार अज्ञात प्रदेश में हमारी यात्रा को सुखद बनाने वाला परिचय-पत्र स्वयं कर्मयोगी श्री कृष्ण के रूप में हमारे पास है। उन्होंने कहा है—'कल्याणकारी कार्य करने वालों की कभी दुर्गति नहीं होगी।' निरीश्वरवादी लोग भी इस बात को मानते हैं।''

इसके बाद कुछ और पंक्तियाँ लिखने के बाद उन्होंने एक बार फिर मृत्यु को निमन्त्रण देते हुए लिखा था—

''परन्तु, मृत्यु, शर्त यही है कि तू शीघ्र आ जा! यदि आना हो तो शीघ्र आ जा! संसार में लोग तेरी निन्दा करते हैं, तुझसे द्वेष करते हैं, इसलिए नहीं कि तू स्वयं निर्दयी है। क्या तेरे पास जाकर कोई वापस आया है जो यह बता सके कि तू कैसी है? परन्तु, मृत्यु, तू संसार में इसलिए अलोकप्रिय है क्योंकि खुद आने से पहले तू भयंकर पीड़ा और रोग को भेजती है। उसे भी, जिसे इस संसार में अजातशत्रु कहा गया है, जिसके लिए प्रिय-अप्रिय, लाभ-हानि में कोई भेद नहीं था, उस भगवान गौतमबुद्ध को भी रोग अप्रिय था। 'धम्मपद' में भगवान में कहा है, 'संसार में सबसे मूल्यवान आरोग्य ही है।' इसलिए हे मृत्यु, जो स्वेच्छा से दरवाजे न खोले, जीवन के उन हठी दुर्गों को जीतने के लिए तू भले ही कष्टप्रद रोगों का दल भेज! मैं तो

स्वयं ही घर के दरवाजे खोले तेरे स्वागत के लिए खड़ा हूँ। इसलिए, हे अखिल विजेता मृत्यु, तू अकेली ही आना! किसी को आगे-आगे भेजे बिना अकेली और अकस्मात ही चली आना!"

इसके बाद कुछ और पंक्तियाँ भी थीं। पर मृत्यु के साथ सावरकर के इस अनूठे संवाद को दर्शाने के लिए इतना ही पर्याप्त है।

प्रश्न यह है कि क्या मृत्यु के साथ उनके इस बेबाक और निर्भीक संवाद ने ही आसन्न मृत्यु को उनसे दूर धकेल दिया था। इसके बाद अगले पचपन वर्षों तक मृत्यु उनके खुले द्वारों से दूर ही रही।

सुकरात

यूनान के महान चिन्तक और दार्शनिक सुकरात को विश्व के अग्रणी पथ-प्रदर्शकों में माना जाता है। उन्हीं के एक शिष्य प्लेटो थे, जिन्होंने विश्व को राजनीतिक-शास्त्र के कई कालजयी सिद्धान्त दिए।

सुकरात का कहना था कि मनुष्य को धन और सम्मान के पीछे भागने की बजाय सच्चाई, विवेक और आत्मा की उन्नति करने वाले रास्ते पर चलना चाहिए। वे पूरे एथेंस में घूम-घूमकर नवयुवकों को नीति और न्याय का रास्ता अपनाने की सीख देते थे।

लेकिन उनके साथ भी वही हुआ जो दुनिया के सभी महान चिन्तकों और विचारकों के साथ होता रहा है। उन पर युवा पीढ़ी को पथभ्रष्ट करने का आरोप लगाकर मुकदमा चलाया गया और उन्हें मृत्युदंड देने का फैसला किया गया। इस मुकदमे के लिए 501 वरिष्ठ नागरिकों की एक न्यायपीठ गठित की गई थीं, जिनमें से 311 ने उन्हें मृत्युदंड दिए जाने का समर्थन किया था।

सुकरात इस फैसले से जरा भी विचलित नहीं हुए। वे निडर होकर जीए थे और निडर होकर ही मौत को गले लगाना चाहते थे। उनका मानना था कि मनुष्य की वासना उपभोग से नहीं बल्कि त्याग से तृप्त होती है। उन्होंने हमेशा बहुत संयमी जीवन जीया था। यही कारण था कि जब ग्रीस में प्लेग फैला था तो उन पर जरा भी आँच नहीं आई थी।

यूनानी कानून के अनुसार सुकरात देश से निर्वासित होकर या 30 मीना का आर्थिक दंड देकर मृत्युदंड से मुक्त हो सकते थे। लेकिन उन्होंने कहा कि वे जीवित रहकर सत्य की खोज करना बन्द नहीं कर सकते थे। उनकी नजर में कर्त्तव्य से विमुख हो जाना मृत्यु से भी बुरी चीज थी। ऐसा जीवन किस काम का जिसमें मनुष्य सच्चाई के रास्ते पर न चल सके और अपने मन, मानस और आत्मा का विकास न कर सके?

उनके मित्र क्रीटो ने जुर्माना भरने की इच्छा व्यक्त की तो उन्होंने उसे रोकते हुए कहा, "अब हम लोगों के बिछड़ने का समय आ गया है। मेरे मरने और तुम लोगों

के जीने का। परन्तु यह सिर्फ ईश्वर ही जानता है कि मैं मरकर अधिक सुखी हो जाऊँगा या तुम लोग जीकर अधिक सुख महसूस करोगे।''

सुकरात को मृत्यु से डर नहीं लग रहा था। उन्हें लगता था कि हो सकता था कि यह एक सुखद अनुभव हो। उनका कहना था, ''मैं मृत्यु से साक्षात्कार करना चाहता हूँ और यह जानना चाहता हूँ कि मृत्यु के बाद हमारा अस्तित्व बचता है या नहीं। क्या मृत्यु जीवन का अन्त है या मात्र एक सामान्य परिवर्तन-क्रम?''

सुकरात को फाँसी की बजाय जहर का प्याला पीकर मृत्यु को गले लगाने का दंड दिया गया था। लेकिन उस समय ऐसे दिन चल रहे थे जब यूनान की धार्मिक परम्पराओं के अनुसार मृत्युदंड देना निषिद्ध था। इसलिए सुकरात को कुछ समय कारावास में गुजारना पड़ा। वे इतने शान्त और निश्चिन्त थे कि अन्य कैदियों के साथ-साथ जेल के कर्मचारियों को भी आश्चर्य होता था।

उनके मित्र, शिष्य, पत्नी और बच्चे उनसे मिलने आते तो वे अपनी चारपाई पर बैठे-बैठे जीवन के विभिन्न पहलुओं की व्याख्या करने लगते। कभी कहते, ''सुख बड़ी अद्‌भुत चीज है! पर इसका दुख के साथ बहुत गहरा सम्बन्ध है, जिन्हें रात और दिन की तरह एक-दूसरे से अलग नहीं किया जा सकता। सुख और दुख एक-दूसरे के विरोधी माने गए हैं, क्योंकि एक की उपस्थिति में दूसरा गायब हो जाता है। दोनों एक ही वक्त में साथ-साथ नहीं रह सकते, पर एक-दूसरे का पीछा भी नहीं छोड़ते।''

कभी वे कहते, ''प्रत्येक मनुष्य के पास एक आत्मा है, जो जागृत है और बुद्धि और नैतिक चरित्र की आधारशिला है। इसलिए मनुष्य को इसका अधिकतम उपयोग करना चाहिए। तभी उसका जीवन सफल हो सकता है और उसे सच्चे सुख का अनुभव हो सकता है। आत्मा के विकास के बिना मनुष्य और पशु के जीवन में कोई अन्तर नहीं है।''

आखिर वह दिन आ पहुँचा जब उन्हें जहर का प्याला पीकर अपने जीवन का अन्त करना था। अपने मित्रों, शिष्यों और परिवार वालों के साथ अन्तिम भेंट के बाद उन्होंने स्नान करके अपने-आपको शुद्ध किया और फिर जहर के प्याले का इन्तजार करने लगे।

जहर का प्याला लाने वाले जेलर के हाथ काँप रहे थे। उसने हमेशा की तरह सुकरात को शान्त और प्रसन्नचित्त देखकर कहा, ''मैंने जितने भी कैदी देखे हैं, आप उनमें सर्वश्रेष्ठ हैं। मैंने कभी भी आपको उदास या भयभीत नहीं देखा। न आपने कभी क्रोध किया और न कभी किसी के लिए कोई अपमानजनक शब्द ही कहा। आपके इस अद्‌भुत संयम का क्या रहस्य है?''

सुकरात मुस्करा दिए।

जेलर उन्हें जहर का प्याला थमाते हुए हिचकिचाने लगा तो सुकरात ने कहा, ''मेरी तरह तुम भी अपने-आप पर संयम रखो और अपने कर्त्तव्य का पालन करो।

तुम मेरे शत्रु नहीं हो, तुम सिर्फ अपना कर्त्तव्य निभा रहे हो। लाओ, मुझे प्याला थमाओ, और बताओ कि मुझे इसे किस तरह पीना है!''

जेलर ने कहा कि जहर का प्याला पीने के बाद उन्हें कुछ देर कमरे में टहलना होगा और फिर नीचे जमीन पर लेट जाना होगा, ताकि जहर अच्छी तरह से पूरे शरीर में रस-बस जाए।

सुकरात ने देवताओं का स्मरण करने के बाद जहर के प्याले को अपने होंठों से लगाया और उसे गटागट पी गए। इसके बाद वे जेलर के निर्देश के अनुसार कमरे में चहलकदमी करने लगे। उन्हें जहर का प्याला पीते देखकर कुछ दूसरे कैदी रोने लगे थे। सुकरात ने उन्हें हिम्मत बँधाते हुए धैर्य से काम लेने के लिए कहा। इसके बाद वे नीचे जमीन पर लेटते हुए बोले, ''मैं यूनानी नहीं, विश्व नागरिक हूँ।''

जेलर ने उनकी टाँगों और पाँवों को छूकर जहर के असर का पता लगाया। उनके शरीर का निचला हिस्सा अकड़ने लगा था। जहर अपना काम कर रहा था।

सुकरात मुस्करा रहे थे। लेकिन फिर धीरे-धीरे जहर शरीर के ऊपरी हिस्से पर भी असर दिखाने लगा और सुकरात का शरीर एक बार तेजी से हिलने के बाद शान्त पड़ गया।

सुकरात की मृत्यु से पूरे विश्व में शोक छा गया। यूनानवासियों को भी पश्चाताप होने लगा। उन पर अभियोग लगाने वाले इधर-उधार छिपते फिरने लगे। कुछ ने तो डर और शर्म के मारे आत्महत्या ही कर ली।

लेकिन सुकरात जा चुके थे इस दुनिया से बहुत दूर—शायद आत्मा के विकास के नए प्रयोगों की खोज में।

स्वामी रामतीर्थ

आर्य समाज के संस्थापक और 'सत्यार्थ प्रकाश' के रचयिता दयानन्द सरस्वती की तरह रामकृष्ण परमहंस (1836-1886) भी उन्नीसवीं सदी के एक महान धार्मिक और समाज सुधारक थे। वे कलकत्ता के नजदीक स्थित दक्षिणेश्वर मन्दिर के पुजारी थे और हिन्दू धर्म को अन्ध-विश्वासों और मिथ्या आडम्बरों से मुक्त करना चाहते थे। स्वयं दयानन्द सरस्वती भी उनसे प्रभावित थे।

पश्चिम के सम्पर्क में आने के बाद शिक्षित हिन्दुओं का अपनी संस्कृति में विश्वास डगमगाने लगा था। ऐसी परिस्थितियों में दयानन्द सरस्वती और रामकृष्ण परमहंस जैसे धर्म-सुधारकों ने हिन्दू धर्म की नए सिरे से व्याख्या की और शिक्षित हिन्दुओं में अपने धर्म को लेकर निष्ठा और गर्व की भावना का संचार किया।

रामकृष्ण परमहंस के प्रिय शिष्य विवेकानन्द ने 1897 में रामकृष्ण मिशन की स्थापना की। इस मिशन का आदर्श वाक्य था—'मानव-जाति की सेवा करना ही ईश्वर की सच्ची पूजा है।' मिशन ने अकाल, बाढ़ और महामारियों के समय राहत-कार्यों में बढ़-चढ़कर भाग लिया और देश में जगह-जगह अस्पतालों और शिक्षण संस्थाओं की स्थापना की।

स्वामी विवेकानन्द ने देश के अलावा विदेशों में भी भारतीय धार्मिक-दर्शन और 'संस्कृति' का प्रचार किया। 1893 में उन्होंने अमरीका के शिकागो में आयोजित विश्व धर्म सम्मेलन में भाग लिया। उनका भाषण सुनकर भिन्न-भिन्न देशों से आए विद्वान प्रतिनिधि हतप्रभ और मन्त्रमुग्ध रह गए और भारतीय दर्शन और संस्कृति को अत्यन्त सम्मान की दृष्टि से देखा जाने लगा।

1897 में एक जिज्ञासु और उत्साही नवयुवक स्वामी विवेकानन्द के सम्पर्क में आया, जो आगे चलकर स्वामी रामतीर्थ के रूप में प्रसिद्ध हुआ।

1873 में गुजरांवाला, पंजाब (अब पाकिस्तान) में जनमें स्वामी रामतीर्थ का रूझान वेदान्त की तरफ था। वे 'व्यावहारिक वेदान्त' के रूप में दुनिया को एक नया धार्मिक दर्शन देना चाहते थे।

स्वामी रामतीर्थ ने लाहौर से गणित में एम.ए. किया था और बहुत कम उम्र में

ही उन्हें एक विद्वान शिक्षक के रूप में देखा जाने लगा था। 1897 में स्वामी विवेकानन्द से भेंट के बाद उनके जीवन बदलाव आने लगा और वे उन्हीं की तरह अपना जीवन सत्य की खोज और 'मानव-सेवा' में लगाने पर विचार करने लगे।

कहा जाता है कि स्वामी रामतीर्थ का जन्म दिवाली के दिन हुआ था। 1889 में, छब्बीस वर्ष की उम्र में, उन्होंने इसी दिन अपने गृहस्थ जीवन और पत्नी और बच्चों का त्याग करके संन्यासी बनने का फैसला कर लिया।

1902 में वे हिन्दू धर्म की शिक्षा देने के लिए अमरीका गए। उनसे पहले 1893 में स्वामी विवेकानन्द भी यही भूमिका निभा चुके थे।

स्वामी रामतीर्थ 1904 में भारत लौटे तो ख्याति उनके चरण चूमने लगी थी। वे जहाँ भी जाते थे, हजारों श्रद्धालुओं की भीड़ इकट्ठी हो जाती थी और उनकी जय-जयकार होने लगती थी।

लेकिन स्वामी रामतीर्थ को यह सब जरा भी रास नहीं आता था। उन्हें यश और ख्याति या मानव-सम्मान की नहीं बल्कि आध्यात्मिक सत्य की तलाश थी। इसलिए वे जल्दी ही अपनी सांसारिक ख्याति से उकता गए और सब कुछ छोड़-छाड़कर हिमालय पर चले गए। वे 'व्यावहारिक वेदान्त' की शिक्षा पद्धति पर गहराई से और शान्तिपूर्वक चिन्तन-मनन करना चाहते थे।

उनके अन्तिम दिन हिमालय की गोद में स्थित 'वशिष्ट आश्रम' नामक अपनी कुटिया में 'व्यावहारिक वेदान्त' पर खोज करते हुए ही गुजरे।

वे धर्म के नाम पर तमाशेबाजी और तथाकथित चमत्कारों में विश्वास नहीं करते थे। कहा जाता है कि एक बार एक सिद्ध पुरुष की ख्याति सुनकर वे उनसे मिलने उनके पास पहुँचे थे। साधना और सिद्धि के बारे में पूछने पर उस सिद्ध पुरुष ने उन्हें दो चमत्कार दिखाए—पहला पानी पर चलने का और दूसरा आकाश में उड़ने का।

परन्तु स्वामी रामतीर्थ का खोजी मन इन चमत्कारों से जरा भी तृप्त न हुआ। उन्होंने कहा, "यह काम तो मक्खी और बत्तख भी कर सकती है! सिद्धियाँ ऐसी होनी चाहिए जिनसे मनुष्य का, मानव-जाति का कल्याण होता हो। जिनसे मनुष्य की आध्यात्मिक खोज को सन्तुष्टि और तृप्ति महसूस हो।"

स्वामी रामतीर्थ को उम्मीद थी कि उनका 'व्यावहारिक वेदान्त' मनुष्य को एक बेहतर इंसान बनाने में मदद करेगा और उसे आध्यातिक तृप्ति प्रदान करेगा।

स्वामी रामतीर्थ को सांसारिकता से विरक्ति-सी हो गई थी। वे ऐसी अवस्था में पहुँच गए थे जहाँ मनुष्य और प्रकृति में कोई अन्तर नहीं रह जाता, जहाँ दोनों एक-दूसरे के लिए और एक-दूसरे के साथ मिलकर जीने लगते हैं। कभी-कभी वे सोचते थे—क्या यही अध्यात्म है?

यह भी बड़ी अनूठी बात थी कि सिर्फ 26 वर्ष की उम्र में उन्होंने वैराग्य ले

लिया था और सिर्फ 31 वर्ष की उम्र में संसार को छोड़कर हिमालय पर चले गए थे। यह उनकी असाधारण आध्यात्मिक जिज्ञासा और अद्वितीय साधना-शक्ति का ही परिचायक था।

1906 में दिवाली के दिन उन्होंने अपने जीवन के 33 वर्ष पूरे किए। पाँच वर्ष पहले इसी दिन उन्होंने गृहस्थ आश्रम को छोड़कर संन्यास धारण कर लिया था।

शायद पाँच वर्ष की यह साधना पर्याप्त थी। अब वैराग्य और हिमालय से और आगे जाने का समय आ गया था—अपने इस नश्वर शरीर को प्रकृति के साथ एकीकार कर देने का समय।

1906 में दिवाली के दिन ही उन्होंने पवित्र गंगा में जल-समाधि ले ली, और गृहस्थ जीवन और संसार के बाद अपने शरीर का भी त्याग करके एक अनन्त आध्यात्मिक यात्रा पर निकल गए।

हजरत इमाम हुसैन

इस्लाम धर्म के संस्थापक हजरत मुहम्मद के दोहते (नाती) हजरत इमाम हुसैन की शहादत को बड़े दुख के साथ याद किया जाता है।

कहा जाता है कि हजरत मुहम्मद साहब और चार खलिफाओं का युग बीत जाने के बाद उमैया वंश का यजीद अरब का शासक बना। वह एक भोग-विलासी, सुरा-सुन्दरी का शौकीन और अत्याचारी व्यक्ति था। दीन-दुखियों को घृणा की नजर से देखना, धर्म-ग्रन्थों का अपमान करना और नबी-पैगम्बरों का मजाक उड़ाना उसकी आदत का हिस्सा था। वह कहा करता था कि मुहम्मद साहब न तो कोई फरिश्ते थे और न स्वर्ग से ईश्वर का कोई सन्देश ही लेकर आए थे। वह उन्हें दम्भी और पाखंडी बताता था।

ऐसे अधर्मी यजीद ने सत्तारूढ़ होते ही प्रत्येक नगर में यह सन्देश भेज दिया था कि वहाँ के निवासी उसके आधिपत्य को स्वीकार करें। यह सन्देश मदीना भी भेजा गया था, खासकर हजरत इमाम साहब और उनके साथियों को। यजीद का आदेश था कि अगर इमाम साहब उसकी सत्ता स्वीकार करने से इनकार करें तो उन्हें मौत के घाट उतार दिया जाए।

इमाम साहब ने यजीद के सामने झुकने को अपना अपमान समझा और उसके सन्देश की अवहेलना करके परिवार सहित मक्का चले गए। मक्का में खान-ए-काबा नामक एक जगह है, जिसके बारे में कहा जाता है कि वहाँ किसी चींटी को भी नहीं मारा जा सकता।

मक्का में नागरिकों और हज यात्रियों ने इमाम साहब का जोरदार स्वागत किया और उनकी खातिरदारी में जुट गए लेकिन अत्याचारी यजीद की तरफ से भेजे गए कुछ सिपाही भी हाजियों में शामिल हो गए और उनकी हत्या का षड्यन्त्र रचने लगे। इमाम साहब को इस षड्यन्त्र का पता चला तो उन्होंने सोचा कि उनकी हत्या से काबा की प्रतिष्ठा पर कोई आँच नहीं आनी चाहिए।

इमाम साहब को हाजियों के हाथों हजारों मुसलमानों के पत्र प्राप्त हो रहे थे। वे सब उनसे जनता को यजीद जैसे अधर्मी शासक से छुटकारा दिलाने का अनुरोध

कर रहे थे। उनका कहना था कि सिर्फ इमाम साहब ही उन्हें यजीद और अधर्म से बचा सकते थे।

ये पत्र कूफा नामक नगर से आए थे, इसलिए इमाम साहब ने अपने साथियों के साथ कूफा की तरफ प्रस्थान किया।

लेकिन अत्याचारी यजीद ने एक षड्यन्त्र रचकर अपने शासन अधिकारियों और सैनिकों को पहले ही कूफा भेज दिया और जनता को गुमराह करके इमाम साहब के खिलाफ भड़का दिया।

परिणामस्वरूप इमाम साहब के बहुत-से विश्वासपात्र साथियों को मौत के घाट उतार दिया गया। अब वे लोग भी यजीद से जा मिले थे जिन्होंने उसके अत्याचारों से मुक्ति दिलाने के लिए इमाम साहब से प्रार्थना की थी।

इमाम साहब ने करबला के मैदान में अपने-आपको भारी फौज से घिरे पाया। उनसे एक बार फिर यजीद की शर्तों को मान लेने के लिए कहा गया, पर उन्होंने इस बार भी इनकार कर दिया।

इमाम साहब ने यजीद के आगे झुकने की बजाय अपनी कुर्बानी देने का फैसला कर लिया था। उन्हें रात-दिन पहरे में रखा जा रहा था और पास की नहर के पास भारी सेना तैनात थी।

मुहर्रम की 7वीं तारीख से उनके खेमे में यह हालत हो गई कि लोग पानी के लिए तरसने लगे। इमाम साहब, उनका परिवार और उनके सभी साथी तीन दिन तक भूखे-प्यासे रहे। मुहर्रम की 9वीं तारीख शर्तें मान लेने की आखिरी तारीख तय की गई थी। पर इमाम साहब अब भी झुकने के लिए तैयारी नहीं थे।

इमाम साहब अपने साथियों का खून बहाना नहीं चाहते थे। वे जानते थे कि यजीद सिर्फ उनके प्राणों का भूखा था। इसलिए वे चाहते थे कि उनके साथी उन्हें छोड़कर चले जाएँ और अपनी जान बचा लें। लेकिन उनके अनुयायी उनके साथ ही कुर्बान होने के लिए उतावले थे। उनका कहना था कि सौ जिन्दगियाँ भी इमाम साहब के साथ जीने-मरने से कम थीं।

किसी को टस-से-मस न होते देख इमाम साहब ने करा कि अगर उन्हें दिन में उन्हें छोड़कर जाने में शर्म महसूस हो रही हो तो वे रात के अँधेरे में ऐसा कर सकते हैं। आधी रात के आसपास उन्होंने फिर कहा कि मैं बत्ती बुझा देता हूँ और वे सब अँधेरे में उन्हें छोड़कर चले जाएँ और अपनी जान बचा लें।

लेकिन कोई भी उन्हें छोड़कर जाने के लिए तैयार नहीं हुआ।

आखिर मुहर्रम की 10वीं तारीख आ पहुँची। इमाम साहब ने सुबह की नमाज पढ़ी और फिर अपने परिवार और साथियों के साथ भूखे-प्यासे ही शत्रुओं पर टूट पड़े। एक-एक करके उनके सभी परिजन और साथी शहीद होते रहे और सूर्यास्त होते-होते स्वयं इमाम साहब ने भी प्राण न्यौछावर कर दिए।

जैसे ही इमाम साहब की शहादत की खबर फैली, अधर्मी और अत्याचारी यजीद के खिलाफ आक्रोश और विद्रोह की लहर उठ खड़ी हुई।

इमाम साहब की शहादत को रोंगटे खड़े कर देने वाले विवरण के साथ याद किया जाता है। इस्लाम को हजरत मुहम्मद साहब की तरह उनके नाती इमाम हुसैन पर भी गर्व है, जिन्हें हर वर्ष आँसू बहाकर याद किया जाता है।

आज भी इस्लाम धर्म में किसी अधर्मी या अत्याचारी दौर को यजीदी दौर कहा जाता है।

परिशिष्ट–1

जीवन और मृत्यु का दर्शन कवियों और विचारकों की दृष्टि में

इस पार प्रिये तुम हो, मधु है
उस पार न जाने क्या होगा?
मेरा तो मन डग–मग करता
इन तट के ही हिलकोरों से
जब एकाकी मैं पहुँचूँगा
उस पार न जाने क्या होगा?

—हरिवंश राय बच्चन

है बहारे बाग दुनिया चन्द रोज
देख लो इसका तमाशा चन्द रोज
ऐ मुसाफिर कूच का सामान कर
इस जहाँ में है बसेरा चन्द रोज

—नजीर

मृत्यु, अरी चिर–निद्रे
तेरा अंक हिमानी–सा शीतल
तू अनन्त में लहर बनाती
काल–जलधि की सी हलचल

—जयशंकर प्रसाद ('कामायनी' से)

अमरता है जीवन का ह्रास
मृत्यु जीवन का चरम विकास

सृष्टि का है यह अमिट विधान
एक मिटने से सौ वरदान

—महादेवी वर्मा

हँस के दुनिया में मरा कोई, कोई रोके मरा
जिन्दगी पाई मगर उसने जो कुछ होके मरा

—अकबर इलाहाबादी

मुझे क्या गर्व हो अपनी विभा का
चिता का धूलि-कण हूँ, क्षार हूँ मैं
पता मेरा तुम्हें मिट्टी कहेगी
समा जिसमें चुका सौ बार हूँ मैं

—('हुंकार' से)

जो नर आत्मदान से अपना जीवन-घट भरता है
वह मृत्यु के मुख में भी पड़कर कभी मरता है?
जहाँ कहीं है ज्योति जगत में, जहाँ कही उजियाला
वहाँ खड़ा है कोई अन्तिम मौल चुकाने वाला

—रामधारी सिंह दिनकर ('रश्मिरथी' से)

दो जीवनों को जोड़ने वाली ग्रन्थि को मृत्यु कहते हैं। यह एक वाहन है, जिस पर सवार होकर आत्मा इधर से उधर आती-जाती रहती है। जिन्हें हम प्रेम करते हैं, उन्हें मृत्यु हमसें नहीं छीन सकती। वे अदृश्य हो जाते हैं तो भी उनकी सत्ता में कोई अन्तर नहीं आता। जो कल मौजूद था, वह आज भी मौजूद है। हम न दूसरों को मरा हुआ मानें, न अपनी मृत्यु से डरें, क्योंकि मरना एक विश्राम मात्र है, उसे अन्त नहीं कहा जा सकता।

—शेक्सपियर

शरीर रूपी पिंजरे के इन्द्रियरूपी नौ द्वारों के खुले रहने पर भी यह प्राणरूपी पक्षी इसमें बैठा रहता है, यही आश्चर्य की बात है! इसके उड़ जाने (मृत्यु) में क्या आश्चर्य?

—अज्ञात

कोई गर्भ में ही, कोई पैदा होते ही, कोई पन्द्रह दिन या एक मास का हो जाने पर, कोई एक-दो साल का हो जाने पर, कोई युवावस्था में, कोई मध्यावस्था में और कोई वृद्धावस्था में मृत्यु को प्राप्त हो जाता है।

—वेदव्यास (महाभारत/स्त्री पर्व)

जीवन का पहला और स्पष्ट लक्षण है विस्तार। यदि तुम जीवित रहना चाहते हो तो तुम्हें फैलना होगा। जिस समय तुम जीवन का विस्तार बन्द कर दोगे, उसी क्षण तुम यह समझ लेना कि मृत्यु ने तुम्हें घेर लिया है।

मृत व्यक्ति वापस नहीं लौटते; गुजर चुकी रात फिर नहीं आती। इसलिए मृत भूतकाल की पूजा छोड़कर आइए सप्राण वर्तमान की पूजा करें। विलीन-विनष्ट पथ की खोज में शक्ति नष्ट न करके आइए सामने उपस्थित नवीन मार्ग पर चलें। इसी में बुद्धिमता है।

—स्वामी विवेकानन्द

एक जिज्ञासु किसी दार्शनिक के पास गया और मृत्यु के सम्बन्ध में अनेक प्रश्न पूछने लगा।

दार्शनिक ने कहा, ''कुछ काम की बात करो। मृत्यु नाम की कोई वस्तु इस संसार में नहीं है। मात्र परिवर्तन और प्रगति का क्रम ही यहाँ चलता है। आज की वस्तु का स्वरूप कल बदल जाता है, इसी को मृत्यु कहना चाहो तो कह लो।''

कुछ क्षण मौन रहने के बाद दार्शनिक ने आगे कहा, ''प्रकाश के अभाव का नाम ही अन्धकार है। उसका अलग से अपना कोई अस्तित्व नहीं होता। जीवन का लुप्त हो जाना ही मृत्यु है। पूछना है तो जीवन के बारे में पढ़ो।''

—श्री राम शर्मा आचार्य रचित 'प्रज्ञा पुराण' से

मृत्यु का अस्तित्व इसलिए है कि देहधारी सत्ता अभी इतनी विकसित नहीं हुई है कि वह परिवर्तन की आवश्यकता के बिना ही उसी देह में बढ़ती चली जाए; और इसलिए भी कि देह स्वयं पर्याप्त सचेतन नहीं हुई है। यदि मन, प्राण और देह स्वयं अधिक सचेतन और लचीले होते तो मृत्यु आवश्यक न होती।

—श्री अरविन्द

यह जीवन समुद्र-यात्रा की तरह है, जिसमें हम सब एक छोटी-सी नाव में एक-दूसरे से मिलते-जुलते हैं। मृत्यु तट पर पहुँचने के समान है, जहाँ से हम सब अपने-अपने लोक में चले जाते हैं।

—रवीन्द्रनाथ टैगोर

जैसे कोई पक्षी दिन भर चारों तरफ इधर-उधर उड़ता-फिरता रहता है, लेकिन शाम ढलने पर अपने घोंसलों में लौटकर शान्त बैठ जाता है, उसी तरह जीवात्मा जब संसार में सब तरह के कृत्यों से थक जाती है तो विश्राम के लिए परमेश्वर के पास पहुँच जाती है।

—विनोबा भावे

जब ऋषि-मुनि प्रार्थना करते हैं कि हे प्रभु, हमें असत्य से सत्य की ओर, अन्धकार से प्रकाश की ओर, मृत्यु से अमरता की ओर ले जाओ तो वे सांसारिक जीवन को असत्य, अन्धकार या मृत्यु नहीं कह रहे होते। वे जीवन को घेरनेवाली

संकीर्णता को इंगित करते हैं। मृत्यु से अमरता की पुकार मृतक का शव-प्रकोष्ठ से उठना नहीं है, वह आत्म-लीनता की मृत्यु से निस्वार्थ प्रेम के जीवन में परिवर्तित होना है।

शंकर जब कहते हैं कि मुक्ति की स्थिति में व्यक्ति ब्रह्मलीन हो जाता है, इसका यही अर्थ है कि वह सर्वात्मा-भाव को प्राप्त कर लेता है; वह इस बोध से मुक्त हो जाता है कि हम सब अमृतस्यपुत्र हैं।

—डॉ. सर्वपल्ली राधाकृष्णन

आओ स्वागत करें मृत्यु का
मृत्यु तू एक विश्राम स्थल
जीव जहाँ से फिर चलता है
लेकर नवजीवन सम्बल

—रामनरेश त्रिपाठी

परिशिष्ट–2

जीवन और मृत्यु : तीन दार्शनिक अभिव्यक्तियाँ

1. मृत्यु जीवन का उपहार है! **प्रो. (डॉ.) जमनालाल बापती**

2. आधि व्याधि से महापुरुष भी नहीं बचते (**डॉ. राजेश कुमार उपाध्याय 'नामदेव'**)

3. नचिकेता का मृत्युदेव से साक्षात्कार (**डॉ. शोभा निगम**)

1. मृत्यु जीवन का उपहार है!

अस्सी वर्ष के वृद्ध को, जिन्हें न आँखों से दिखाई पड़ता था और न कानों से ठीक-ठाक सुनाई पड़ता था, चमड़ी पर झुर्रियाँ पड़ गई थीं, मुँह से लार टपक रही थी, यहाँ तक कि उसके दैनिक कार्य भी परिवार के अन्य सदस्यों की मदद से ही पूरे हुआ करते थे, देवर्षि नारद घूमते-घूमते दुनिया के प्राणियों की कुशलता जानने के लिए पृथ्वी पर विचरण करते हुए मिले। नारदजी ने देखा कि 80 वर्षीय वृद्ध को परिवार के सदस्य किसी बात पर डाँट रहे थे तथा साथ ही कह रहे थे कि इसको तो मौत भी नहीं आती। वह वृद्ध नीचा मुँह किए आँखों से आँसू बहा रहा था। सभी सदस्यों के चले जाने पर देवर्षि ने उस वृद्ध से कहा, 'मेरे साथ चलो।' वृद्ध ने पूछा, 'कहाँ ?' देवर्षि का उत्तर था, 'स्वर्गलोक'। वृद्ध ने फिर पूछा, 'क्या बिना मरे स्वर्ग जा सकते हैं ?' देवर्षि ने फिर उत्तर दिया, 'बिना मरे स्वर्ग नहीं जा सकते।' इस पर वृद्ध ने कहा, 'मैं अभी नहीं चल सकता हूँ। अभी तो मैं अपने नाती की शादी करना चाहता हूँ। आप कुछ ठहरकर आइए।' उस वृद्ध की बात सुनकर देवर्षि उस समय तो चले गए तथा कुछ समय बाद आने का संकेत किया।

कुछ समय बीता, नाती की शादी हो गई, बहू घर में आ गई। देवर्षि नारद फिर उस वृद्ध के पास आए तथा स्वर्गलोक चलने के लिए कहने लगे। वृद्ध ने कहा, 'अभी तो बहू घर आई ही है, कुछ समय उसके हाथ से बनी रोटी खा लूँ और उसके पुत्र को देख लूँ, फिर आपके साथ चलूँगा। उत्तर पाकर देवर्षि फिर आने को कहकर

अन्तर्धान हो गए। वृद्ध के पोता हो गया। देवर्षि ने आकर उन्हें स्वर्गलोक चलने की कही। इस बार युद्ध ने झल्लाकर देवर्षि से कहा, 'तुम मेरे ही पीछे हाथ धोकर क्यों पड़े हो, इस दुनिया में स्वर्ग में जाने के लिए तुम्हें अकेला मैं ही मिला हूँ? तुम्हें कोई और नहीं दिखता।'

देवर्षि तथा वृद्ध की बातचीत से स्पष्ट है कि मृत्यु कोई नहीं चाहता है।

मृत्यु : शाश्वत सत्य

मृत्यु को कई नामों से सम्बोधित किया गया है—यथा; मौत, हरिशरण, गोलोकवास, ब्रह्मलीन, पंचतत्त्वों में लीन, रामशरण आदि। संस्कृत के मृत प्राणत्यामें शब्दों से मृत्यु शब्द बना है। मृत प्राणत्यामें का अर्थ होता है प्राणवायु का नासिका रन्ध्रों से गतागत समाप्त होना अर्थात् नाश या दूसरे शब्दों में देखने योग्य नहीं रहना। यह मानव शरीर एक अद्भुत वस्तु है। कारण कि इसकी कार्य क्षमता, सोच-विचार, व्यवहार प्रक्रिया आश्चर्य में डाल देती है। मृत्यु कठोरतम तथा अन्तिम सत्य है, इस चाहे-अनचाहे हर सूरत में मानना ही होगा। हर मनुष्य इस तथ्य को जानते हुए भी अन्तिम क्षण तक इससे जी-तोड़ प्रयत्न कर बचने का प्रयास करता है। जीवन क्षण भंगुर है। सभी जानते हैं कि मृत्यु के बाद बुढ़ापा नहीं आ सकता।

मृत्यु नैसर्गिक एवं कठोर सत्य है, मनुष्य की अन्तिम नियति मृत्यु है। यही आवश्यक पक्ष है। फिर भी कैसी विडम्बना है, कैसा आश्चर्य है, कैसा मोह है कि मनुष्य असंभव को संभव करने के अपने प्रयत्नों में कोई ढील नहीं आने देता। वह जानता है कि मृत्यु निश्चित है, जन्म तथा मृत्यु अभिन्न रूप से जुड़े हुए हैं। अपनी छाया की भाँति मृत्यु मानव का साथ नहीं छोड़ती है, जिस क्षण जन्म हुआ, उसके साथ ही मृत्यु का समय भी निश्चित हो गया। जन्म-मरण परस्पर आश्रित हैं। यदि जन्म है तो मृत्यु भी है। मृत्यु को टाला नहीं जा सकता, परन्तु मनुष्य उससे बचने का प्रयत्न निरन्तर करता है, करता रहता है और आगे भी करता रहेगा। फ्रान्सिस बेकन कहते हैं कि जिस प्रकार बच्चे अँधेरे में जाने से डरते हैं उसी प्रकार मनुष्य भी मृत्यु से डरता है। मृत्यु का संकेत ही डरावना, दु:खदायी तथा भयानक कल्पनावाला लगता है। मृत्यु का विचार आते ही, मात्र कल्पना करके मनुष्य होश खो बैठता है। वह निराश-भयातुर हो जाता है। उसे कड़ाके के जाड़े में भी पसीना छूट जाता है। आत्मा की अमरता का विचार या सिद्धान्त शायद मनुष्य की इसी मृत्यु पर विजय पाने की भावना का द्योतक रहा होगा। इसीलिए भारतीय दर्शन में मृत्यु को, शरीर छोड़ने को, चोला बदलने को, नया वस्त्र पहनने या पुराने वस्त्र बदलने की क्रिया से सम्बोधित किया गया है। जीवन-मरण या जन्म-मृत्यु का जोड़ा है तथा सामान्य समझबूझ वाला आदमी भी इस तथ्य को स्वीकार करता है। क्या मृत्यु ही मनुष्य का सही अर्थों में अन्त है?

जिस प्रकार डाली पर लटका फल पकने पर अपने आप टूटकर धरती पर गिर पड़ता है, उसी प्रकार आयु पूरी होने पर प्राणी परलोकवासी बन जाता है। जब सूक्ष्मादि शरीर स्थूल शरीर को या अमूर्त्त शरीर मूर्त्त शरीर को त्याग देता है तो मृत्यु कहा जाता है। मृत्यु से प्राणी का सर्वनाश नहीं होता। योगवशिष्ठ के अनुसार दूसरी देह की प्राप्ति के लिए जो पहली देह का त्याग किया जाता है, उसे ही मृत्यु कहते हैं। जिस प्रकार चिड़िया अपना घोंसला छोड़कर उड़ जाती है—ऐसा ही सम्बन्ध देह तथा आत्मा का है। आत्मा भी देह छोड़ देती है। नींद मृत्यु है तो जगना नींद के बाद जन्म के समान है। इसीलिए प्रसिद्ध वैज्ञानिक जगदीशचन्द्र बोस कहते हैं कि मृत्यु चेतन अवस्था से अचेतन अवस्था की परिणति है।

मनुष्य प्रकृति की एक अद्‌भुत कृति है। वह जानता है कि मृत्यु ही अन्तिम सत्य है, मृत्यु ने न मूर्ख को छोड़ा है तथा न ही बुद्धिमान को। सज्जन-दुर्जन, स्त्री-पुरुष, सदाचारी-दुराचारी, परोपकारी-अत्याचारी, दुर्बल-सबल, धनी-विपन्न, दुर्बल-शक्तिशाली, शहरी-ग्रामीण, आस्तिक-नास्तिक, वृद्ध-युवा आदि सभी मृत्यु को प्राप्त होते हैं। इसके लिए भले-बुरे सब समान हैं। मनुष्य मृत्यु को टालने के लिए हर समय सजग रहता है। जीवन में यदि कोई अप्रिय वस्तु है तो वह मृत्यु ही है। मृत्युरूपी इस कठोर सत्य को जानते हुए भी वह इसे स्वीकार करने से कतराता है। यह जानते हुए कि मनुष्य नाशवान है, वह अमर होने की, न मरने की इच्छा करता है, मृत्यु से मुक्त होने की अभिलाषा रखता है। प्रेमचन्द के अनुसार मौत को धोखा देने में मनुष्य को आनन्द आता है। आज तो स्थिति यह है कि मनुष्य मृत्यु विषय पर विचार भी करना चाहता। आज का मनुष्य अपने पूर्वजों की अपेक्षा मृत्यु से अधिक दूरी बनाने में अवश्य सफल हुआ है। आदमी क्रमशः मृत्यु से बचने का उपाय करता है। बीमारी से मुक्ति के लिए उपचार, दवादारू करता है, पर मृत्यु इन सब उपायों को नकारकर अपना अभीष्ट सिद्ध कर ही लेती है। मृत्यु से बचाव के मनुष्य के इन प्रयत्नों की चरम परिणति ही स्वयं मृत्यु है—इसे स्वीकार करना ही होगा। वैसे मनुष्य अपने कर्मों से ही मृत्यु को प्राप्त होता है—मृत्यु तो व्यर्थ ही बदनाम है।

मृत्यु के रूप

मृत्यु पर दो रूपों में विचार किया जा सकता है—प्राकृतिक मृत्यु या कृत्रिम मृत्यु। अब शरीर के प्राण तत्व या जीव कोशों का क्षय हो जाता है, वे कार्यशील नहीं रहते तो स्वाभाविक या प्राकृतिक मृत्यु होती है। जब किसी बाह्य कारण से जैसे—आत्महत्या, विषपान, दुर्घटना, शारीरिक अक्षमता के कारण मृत्यु होती है तो इसे कृत्रिम मृत्यु कहते हैं। इसे असामयिक या अकाल मृत्यु भी कहते हैं। कृत्रिम मृत्यु से मानवीय प्रयत्नों से या सावधानी बरतकर बच सकते हैं। प्राकृतिक मृत्यु तथा कृत्रिम मृत्यु में अन्तर केवल यह है कि प्राकृतिक मृत्यु से बच नहीं सकते हैं। इस

मौत को टाला या स्थगित नहीं किया जा सकता, जबकि कृत्रिम मृत्यु को मानवीय प्रयत्नों से सजग हटकर, चिकित्सा सेवाओं की उपलब्धता से कुछ समय बचा जा सकता है।

मृत्यु तथा संवेदनशीलता

किसी भी व्यक्ति की मृत्यु के समय अन्य व्यक्तियों की शोक अभिव्यक्ति भिन्न-भिन्न रूप में तथा भिन्न-भिन्न मात्रा में होती है। किसी निकटतम या परिवारजन की मृत्यु पर उसके निकटतम सम्बन्धी को भीषणतम दुःख हो सकता है जबकि दूर का सम्बन्धी या मात्र परिचित व्यक्ति लोकलाज के लिए दुःख प्रकट करता है। मनोविज्ञान की शब्दावली में कहें तो किसी की मृत्यु के समय प्रकट किया जानेवाले जानेवाला दुःख, संवेदना या प्रतिक्रिया तर्क पर नहीं बल्कि सांसारिक सम्बन्धों, आत्मीयता या निकटता से जुड़ी होती है।

यह कैसी आश्चर्यजनक स्थिति है कि दो व्यक्ति एक-दूसरे के जीवनभर घोर और चरमसीमा तक विरोधी या कट्टर दुश्मन रहे हैं पर जैसे ही एक व्यक्ति की मृत्यु होती है तो दूसरा मृत व्यक्ति का प्रशंसक बन जाता है, मुक्त कंठ से उसके गुणों की प्रशंसा करता है (फिर प्रशंसा चाहे झूठी ही हो)। सामाजिक-राजनीतिक या दैनिक जीवन में जिससे विरोध रहा हो पर मृत्यु के बाद दूसरा व्यक्ति भी उसमें गुण ही देखता है। मृत्यु के बाद विरोध भी गायब हो जाता है। जिस व्यक्ति को मृत व्यक्ति के गुण नजर आ रहे हैं, जीवित रहने के समय वह उन गुणों से कभी रूबरू नहीं हो सका। यह सम्भव है कि मृत व्यक्ति के गुणों से आप परिचित होते हुए भी घोर शत्रु होने के कारण क्यों प्रशंसा करें? अब जब शत्रु सामने नहीं है, उसकी मृत्यु हो गई है तो वह विरोध नहीं करता तथा न ही किसी प्रकार की निजी हानि करेगा तो सहज ही सहानुभूति विकसित हो जाती है।

मृत्यु का दार्शनिक पक्ष

मृत्यु का शरीर तथा आत्मा के साथ चिरन्तन सम्बन्ध है। आत्मा अमर है, अक्षय है, उसकी कभी मृत्यु नहीं होती है। जबकि शरीर मरणधर्मा है। जब शरीर रोग, कलह, शोक वार्धक्य से जीर्ण हो जाता है या अशक्त हो जाता है तो उसे छोड़ने के सिवाय अन्य कोई चारा नहीं है। भगवान कृष्ण ने गीता में कहा है, 'जिस प्रकार मनुष्य पुराने कपड़ों को त्यागकर नवीन वस्त्र धारण कर लेता है उसी प्रकार आत्मा भी जीर्ण-शीर्ण या अशक्त शरीर को त्याग कर नवीन शरीर को धारण कर लेती है। आत्मा को न तो शस्त्र काट सकता है, न ही आग जला सकती है, न ही वायु सुखा सकती है, न ही जल गला सकता है। इस प्रकार दूसरे शब्दों में, वह अमर है, निश्चल है, नित्य है, सनातन है।'

ईसाई दर्शन इससे भिन्न विचार रखता है। वह मृत्यु को अवश्यंभावी तथा अटल मानते हैं। वे पुनरुत्थान में भी विश्वास रखते हैं। महात्मा ईसा के अनुसार जो मुझमें विश्वास करता है वह अनन्त काल तक नहीं मरेगा। ऐसा व्यक्ति अपने आप में केन्द्रित या अमरत्व प्राप्त करता हुआ वस्तुत: धार्मिक अनश्वरता प्राप्त करता है। प्रसिद्ध पाश्चात्य दार्शनिक प्लेटों का मृत्यु के सम्बन्ध में कहना है कि जीवात्मा का शरीर से अलग होना ही मृत्यु है। मनुष्य मृत्यु के भय से जीवनभर परेशान रहता है। उसे यह भी डर रहता है कि उससे कोई अन्याय या सामाजिक मान्यताओं के विपरीत कार्य हो गया हो, जिसके कारण उसे कष्ट भोगना पड़े या भोगना पड़ सकता है। मृत्यु कितनी ही कष्टप्रद हो, मनुष्य उसे नहीं चाहता है पर वह भगवान के विधान से संचालित होती है। देश, काल, पात्र तथा परिस्थिति के अनुसार मृत्यु प्रत्येक व्यक्ति के साथ लगी रहती है।

सर्वाधिक भय उत्पन्न करनेवाली यदि कोई वस्तु है तो वह है मृत्यु। पर स्वामी विवेकानन्द कहते हैं भय काहे का और व्यवहार में ऐसा कहीं दिखता ही नहीं है। विवेकानन्द कहते हैं, 'ज्योहीं मुझे मृत्यु का स्मरण आता है मेरी सारी कमजोरियाँ समाप्त हो जाती हैं, न कोई भय लगता है, न कोई उदासीनता होती है और न ही किसी प्रकार की उद्विग्नता। इन सबसे परे, महायात्रा की तैयारी की योजनाएँ मन में बनने लगती है, मरने के बाद एक शाश्वत, कल्याणकारी प्रकाश से भेंट होगी और इसी कल्पना से मन गद्‌गद् हो जाता है।' उन्होंने मृत्यु से पूर्व अन्तिम क्षणों में कहा था, 'मारना कितना सुखद है? अन्न, जल, वायु, पृथ्वी तथा आकाश सब ईश्वर की तरफ से उपहार ही है। यह शरीर इन्हीं उपहारों से बना है। प्रकारान्तर से शरीर भी ईश्वर का ही है और वापस उन्हीं में मिल जाता है तो अपना क्या गया? परमात्मा की धरोहर परमात्मा के पास चली गई तो विचार या चिन्ता किस बात की?' सन्त तिरुचल्लुवर के अनुसार यह सोचना कि अमुक वस्तु सदा बनी रहेगी यही सबसे बड़ा अज्ञान है।

चिन्तन करें, चिन्ता नहीं

मृत्यु के कारण ही संसार में सुन्दरता है, प्रेम है। यदि मनुष्य अमर हो जाए तो दूसरों की बात भी न सुने। तब अराजकता तथा उच्छृंखलता की कल्पना ही की जा सकती है। आज मनुष्य को मृत्यु के सही रूप को समझने की आवश्यकता है। उसे मृत्यु से साक्षात्कार को स्वभावत: नहीं त्यागना चाहिए तथा इस शाश्वत तथ्य को साहस, धैर्य तथा समझ-बूझ के साथ स्वीकार करना चाहिए, अर्थात् जन्म के दूसरे क्षण से ही मनुष्य को मृत्यु का स्वागत करने को तत्पर रहना चाहिए। तभी तो महात्मा गांधी कहते हैं कि मृत्यु तो छुटकारा है, इसका आनन्ददायक मित्र की तरह स्वागत कीजिए।

(कादम्बिनी, अक्टूबर, 1998 से साभार)

2. आधि व्याधि से महापुरुष भी नहीं बचते

डॉ. राजेश कुमार उपाध्याय 'नामदेव'

एक महात्मा अचानक पक्षाघात (लकवा) के शिकार हो गए। पूजन पाठ सत्संग काम काज सब बन्द हो गया। उनके मित्र जो कि एक प्रसिद्ध महात्मा थे उन्होंने अपने मित्र को पत्र लिखा, 'रोग, व्याधि, जरा, मृत्यु किसी पर दया नहीं करते।' रामकृष्ण परमहंस, रमण महर्षि, गीता प्रेस गोरखपुर कल्याण के सम्पादक श्री हनुमान प्रसाद पोद्दार, स्वामी अखंडानन्द, वृन्दावनवाले स्वामी शरणानन्द काशी के महामंडित पं. गोपीनाथ कविराज इतने लोग 'कैंसर' से मरे। योगी अरविन्द 'डायबिटीज' से मरे। उड़िया बाबा के सिर पर एक शिष्य ने गड़ांसा मार दिया, कपाल फट गया। तत्क्षण मृत्यु हो गई। जवाहरलाल नेहरू लकवे से मरे। महात्मा गांधी, इन्दिराजी, स्वामी श्रद्धानन्द गोली के शिकार हुए। कोई नहीं जानता कब किसकी गृत्यु किस तरह से होगी।

महात्माओं, सत्पुरुषों, महापुरुषों, नेताओं, देशसेवकों सभी को मृत्यु दुःख देकर ले गई। गीता में श्रीकृष्ण ने कहा है, 'मृत्यु : सर्वहर चारमि'—सर्वहर मृत्यु में हूँ।

रोग व्याधि भी भगवान के भेजे हुए मृत्यु के दूत हैं। अतः शान्ति भंग न करो। बाह्य पूजा पाठ आचार-विचार छूटता है तो छूट जाने दो। भगवान का स्मरण, मन से न छूटने पाए। श्री रामः शरणं मम्। श्री कृष्णः शरणं मम्—श्री विष्णु : शरणं मम् हरेनमि हरेनभि, हरेनीभैव केवलम, कलौ नास्तयेव नास्तयेव नास्त्येव गति रंयूथा। 'अभी तो मन से हरिस्मरण कर सकते हो, ऐसा भी समय आ सकता है जब बेहोशी हो जाए तब मन से 'हरि स्मरण' भी न कर सकेंगे। तब भगवान से कहना—प्रभो, अब तुम मुझे स्मरण करो—तुम मुझे भजो। मेरा भजन पूरा हो गया। **स्नानं मनोमलत्यागः** मन का मल त्याग सबसे बड़ा स्नान है। रोग व्याधि मृत्यु से कह दो, अरे तूने हाथ पैर को मार दिया और भी जिसे मार सकती है मार दे। हम तेरे से डरनेवाले नहीं है। आखिर तू पाँच भौतिक शरीर को हो तो मारेगी। हमारी आत्मा को मारने की शक्ति तेरी नहीं है। हम आत्मा हैं, हम शरीर नहीं है। 'नैनं छिंदति शास्त्राणि नैनं दहति पावक'। मुझ अमृत आत्मा को कोई मार नहीं सकता। आग जला नहीं सकती, मौत कुछ कर नहीं सकती। शरीर मृत्यु को सौंप दो—मारने दो।

आत्मा अजर है अमर है पवित्र है—शुद्धोऽस्मि, बुद्धोऽस्मि, निरंजनोऽस्मि, संसार माया परिवर्जितोऽस्मि।' आत्मा अपहतापाप्मा है—आत्मा को पाप, ताप, रोग, व्याधि स्पर्श भी नहीं कर सकता। मैं देह नहीं देह के मरने से मैं मरनेवाला नहीं। आत्मा में परमात्मा का अंश है। गन्दा जल भी गंगा में पड़ जाए तो गंगा मना नहीं कर सकती। शरण देनी ही पड़ेगी। गन्दा बालक भी माता की गोद में जाता है तो माता मल धोकर शिशु को गोद में बैठाती ही है।

'पिता हमस्य, माता धाता पितामऽ', 'त्वमेव माता च पिता त्वमेव।' संसार में तो जो माता है वह पिता नहीं है तो पिता है वह माता-पितामह, मातामह नहीं है—भगवान तो स्वयं अपने मुख से कहते हैं—हम माता हैं। हम पिता हैं। पितामह है। जीवन के सखा हैं—देखो भगवान के साथ कितने नाते जुड़े हुए हैं। किसी भी नाते से हो—जैसे मृत्युकाल देह को छोड़ नहीं सकता, उसी प्रकार भगवान रामकृष्ण, शिव, परमेश्वर, नारायण भला हमारा त्याग कर ही कैसे सकते हैं? नहीं कर सकते मौत देह की। आत्मा परमात्मा की? अपना अंश वे छोड़ ही नहीं सकते। तब डर किस बात का? आचार-विचार, नियम सबकी गति केवल शरीर तक ही है। आत्मा का बाह्य नियमों से कोई सम्बन्ध नहीं। आत्मा न स्त्री है, न पुरुष है न ब्राह्मण है न कायस्थ है न शूद्र है। धर्म अधर्म पाप पुण्य से परे—आत्मा में कर्म की गति नहीं है। विकर्म की गति नहीं। आकाशस्थ निर्मल सूर्य को धरती की गन्दगी छू भी नहीं सकती। इसी प्रकार पवित्र शुद्ध बुद्ध आत्मा को देह का, मन का, पाप-पुण्य, गुण-दोष स्पर्श भी नहीं कर सकता। आत्मा ही अमृत है। और कोई अमृत नहीं।

मृत्यु!! तू धन्य है

जैसे युवती पति से मिलने जाती है, घर से सब लोगों को छोड़ देती है। इसी प्रकार जीव को खुशी मनानी चाहिए, देह के जेल से छूटकर हम परमात्मा रूपी पति परमेश्वर से मिलने जा रहे हैं। जैसे वर्षा ऋतु की नदियाँ वेग से समुद्र रूपी पति से मिलने दौड़ी चली जाती हैं। उसी प्रकार हम जीवात्मा इस मलिन मलमूत्र से घिरे गन्दे देह को छोड़कर साक्षात् भगवान से मिलने जा रहे हैं। यह संसार हमारा घर नहीं। यहाँ तो सैर-सपाटे के लिए आए थे। हमारा असली घर तो तद् विष्णोः परमंपदम् है जहाँ जाकर इस नरकी देह में संसार में पुनः लौटकर अब आना नहीं होगा। जन्म-मरण नहीं होगा। अहो मृत्यु तू मेरा बड़ा उपकार कर रही है। देहरूपी सुन्दर अवसर दे रही है। हम धन्य हैं। मृत्यु धन्य है। रोग व्याधि मृत्यु के भेजे दूत हैं। अरे मृत्यु आ और जल्दी आ। इस देह के पिंजड़े से हमें छुड़ा—अथवा तेरी जब मौज हो आए। हम तो भगवान से, परमात्मा से एक हो गए। इसी चिन्तन धारा को अपना लेना चाहिए।

मौत से कोई नहीं बचा

इस संसार में आनेवाले प्रत्येक प्राणी चाहे वह साधारण पुरुष है अथवा महापुरुष आधि व्याधि से मुक्त नहीं है। ईसा मसीह को सूली पर चढ़ाया जाना, सुकरात को जहर दिया जाना, स्वामी दयानन्द सरस्वती को विष दिया जाना, स्वामी रामतीर्थ को जलसमाधि आदि घटनाएँ इसी ओर हमारा ध्यान आकृष्ट करती हैं।

व्याकरण शास्त्र को बनानेवाले पाणिनी को बाघ ने खा लिया, मीमांसा शास्त्र

के प्रणेता जैमिनि ऋषि को हाथी ने कुचलकर मार डाला। छन्द शास्त्र को बनानेवाले पिंगल ऋषि को मगर ने खा लिया।

अज्ञान रूपी अन्धकार से पशुओं को गुण से क्या काम है? यदि ये गुणग्राही होते तो ऐसे विद्वानों को कैसे मारते—

श्रीराम का चौदह वर्ष का वनवास, सीता का वन-वन भटकता, श्री राम द्वारा त्यागना, श्री कृष्ण को वहेलिया द्वारा तीर मारा जाना, पांडवों का हिमालय में प्रणान्त होना। अनेक महापुरुषों का अन्तिम जीवन बड़ा ही कठिन व्यतीत हुआ। अहमदाबाद के त्रयंम्बक शास्त्री भागवतकार थे। 18000 श्लोक उन्हें कंठाग्र थे। उन्हें अन्त में गलितकुष्ठ हुआ। उनकी विधवा पुत्री उनकी सेवा में थी। परम योगी चांगदेवजी ने सन्तान के लिए प्राण त्यागा।

अत: कहा गया है—

'गर्भे व्याधोश्यमशाने च पुराणपे या मतिर्भवत
सा यदि स्थिरतां याति को न याति परां गतिम्'

संसार के प्राणी अनेक दु:खों से दुखी हैं पर अन्त में परमात्मा का नाम ही सब दुखों को दूर करने का माध्यम है। यही दर्शन स्वीकार करता है।

मृत्यु जीवन का एक शाश्वत सत्य है। जिसकी उपेक्षा नहीं की जा सकती पर जीवन को सुखद बनाया जा सकता है। क्या मृत्यु के बाद भी जीवन है। जीवन जीने का नाम है। मृत्यु किसी लीला का समाप्ति सूचक चिह्न पूर्ण विराम है। विराम लगने के पहले ईश्वरीय सत्ता की परमानन्दमयी पराकाष्टा की प्राप्ति ही जीवन का उद्देश्य होना चाहिए। पराशक्ति की दिव्य आत्मा। वैभव नित्य निरन्तर नाम।

(कादम्बिनी, मई 1999 से साभार)

3. नचिकेता का मृत्यु देव से साक्षात्कार

घटना शताब्दियों पुरानी है। घने जंगल से घिरे एक सुरम्य तपोवन में यज्ञ चल रहा था। यज्ञ करानेवाले थे, ख्यातिप्राप्त गौतमवंश के महर्षि, उद्दालक। इस यज्ञ में उद्दालक ने अपने सर्वस्व दान का संकल्प लिया था।

यज्ञ करते-करते उद्दालक ने अपना सब धन तो दान कर दिया किन्तु कुछ पुष्ट गौवें रख लीं, सम्भवत: यह सोचकर कि कहीं इकलौते पुत्र नचिकेता को दुग्ध का अभाव न हो। वैसे तो दान में उन्होंने सैकड़ों गायें दीं, किन्तु दान में दी गई गायों और रखी गई गायों के स्वास्थ्य में बहुत अन्तर था। पिता ने तो यह कृत्य पुत्र के प्रति ममतावश किया था, किन्तु पुत्र को यह अच्छा नहीं लगा। भला यह भी कोई सर्वस्व दान करना हुआ। यह तो अपराध है। निश्चय ही इसका पाप पिता के माथे पर लगेगा। कैसे पिता को बचाऊँ?

कुछ देर सोचने के बाद नचिकेता विनीत भाव से पिता के समीप पहुँचा और

बोला—''पिताश्री! इस यज्ञ में तो आप सर्वज्ञ दान कर रहे हैं, फिर मुझे आप किसे दे रहे हैं?''

यज्ञ कर्म में व्यस्त रहने के कारण पहले तो पिता ने बालक की बात नहीं सुनी किन्तु बार-बार वही प्रश्न पूछने पर पिता अत्यन्त क्रोधित होकर बोले, ''जा भाग जा, तुझे मैं यम को देता हूँ।''

उद्दालक ने यह बात यद्यपि आवेश में कही थी पर नचिकेता जानता था कि बात तपस्वी पिता के मुख से निकली है, अत: पूरी होनी आवश्यक है। इसीलिए नचिकेता मृत्यु के देवता यमराज के दरवाजे स्वयं ही जा पहुँचा। वहाँ उसे पता चला कि यम कहीं बाहर गए हुए हैं, अत: बिना कुछ खाए-पीए वह उनके द्वार पर प्रतीक्षा करते बैठा रहा।

तीन दिन बाद यमराज लौटे। यह सुनकर कि एक अतिथि ब्राह्मण कुमार, तीन दिन से उनके द्वार पर भूखा-प्यासा बैठा है, वे अत्यन्त दुखी हुए। यह तो घोर पाप उनके माथे पड़ गया था। अतिथि, वह भी ब्राह्मण-पुत्र तीन दिन उनके दरवाजे पर भूखा-प्यासा पड़ा रहा! पाप बड़ा था, अत: प्रायश्चित भी बड़ा होना आवश्यक था। इसीलिए यम ने नचिकेता से आने का प्रयोजन पूछने के पूर्व ही कहा, ''अतिथि देव! आपने मेरे दरवाजे पर तीन रात्रि जो कष्ट सहा है, उससे मैं अत्यन्त व्यथित हूँ, यदि आप तीन रात्रि के बदले तीन वर मुझसे ले लें, तो मुझे शान्ति मिलेगी।''

यम के अनुनय-युक्त आग्रह को टालना नचिकेता के लिए कठिन था। अत: ससंकोच पहला वर तो उसने यह माँगा कि उसके वियोग में उसके पिता अत्यन्त व्यथित हो रहे होंगे, उनकी व्यथा यमराज कम कर दें तथा जब वह पिता के पास वापस जाए तो पिता पहले के समान ही उससे स्नेह करें। यमराज के 'तथास्तु' कहने पर नचिकेता ने दूसरे वर के रूप में यमराज से स्वर्गलोक को प्राप्त करानेवाली अग्नि का ज्ञान देने की प्रार्थना की। इस पर यमराज ने नचिकेता को स्वर्ग की कारणा रूपा अग्नि का उपदेश दिया और फिर एक अच्छे गुरु की भाँति उन्होंने नचिकेता से अपने दिए ज्ञान को दोहराने को कहा। तीव्र स्मरणशक्तिवाले नचिकेता ने जब तुरन्त ही यम से सुने हुए उपदेश का यथावत् वर्णन कर दिया तब यम अत्यन्त प्रसन्न हो बोल उठे, ''वत्स! आज से यह अग्नि 'नचिकेता अग्नि' के नाम से प्रसिद्ध होगी, यह मैं तुम्हें अतिरिक्त वर देता हूँ।''

अब तीसरा वर माँगने की बारी थी। इस बार नचिकेता ने गम्भीरतापूर्वक दृढ़ता से कहा, 'हे मृत्युदेव! मृत्युलोक के निवासी प्राय: इस विषय में विवाद करते हैं कि मृत्यु के बाद आत्मा का अस्तित्व रहता है या नहीं? मैं इस विषय में सत्यता जानना चाहता हूँ।' इस तरह तृतीय वर के रूप में नचिकेता ने आत्मज्ञान की जिज्ञासा की।

किन्तु इस बार यमराज विचलित हो गए। इतना-सा बालक और इतनी बड़ी

जिज्ञासा! 'ना-ना...' उन्होंने नचिकेता से कहा, ''पुत्र! यह विवाद न केवल मनुष्यों को, वरन देवताओं को भी सन्देह में डालता है। वस्तुत: आत्मतत्त्व सूक्ष्म तत्त्व है। अत: इसकी चर्चा न ही करो तो ठीक है। तुम कोई और वर माँग लो!''

पर नचिकेता का तो यही अभीष्ट वर था। भला मृत्युलोक से अधिक अच्छे से मृत्यु के बाद आत्मा की स्थिति को बतानेवाला और कौन होगा। अत: नचिकेता ने यम से पुन: उसी वर की माँग की।

नचिकेता को टालना यम को कठिन लग रहा था फिर भी उन्होंने एक बार फिर टालने का प्रयत्न करते हुए कहा—''हे नचिकेता! क्या ऐसा नहीं हो सकता कि तुम अपने तीसरे वरदान के रूप में सम्पूर्ण पृथ्वी की सम्पदा प्राप्त कर लो! इस सम्पत्ति का तुम अनन्तकाल तक उपभोग कर सकते हो। जो-जो भोग मृत्युलोक के वासियों के लिए अत्यन्त दुर्लभ हैं, मैं वे सब भोग तुम्हें दे सकता हूँ। स्वर्ग की अप्सराएँ तक तुम्हें सेवा के लिए दूँगा, पर तुम अपने माँगे वर को छोड़ दो।''

किन्तु जो स्वयं ही जीवन का प्रलोभन त्यागकर यम के निकट पहुँचा हो, उसे जीवन को सुख देनेवाले तीव्र आकर्षण भी कैसे लुभा सकते थे। अत: नचिकेता ने नम्रतापूर्वक कहा, ''हे यमराज! जिन वस्तुओं को आप मुझे ग्रहण करने को कह रहे हैं वे तो 'श्वोभावा' अर्थात् 'कल नहीं रहनेवाली' प्रकृति की हैं। ये सब भोग इन्द्रियों के तेज को कम करनेवाले हैं। अत: आपके भोग मुझे नहीं चाहिए। इसके अतिरिक्त धन-दौलत से मनुष्य कभी क्या तृप्त हुआ है? और फिर आप साक्षात् मृत्युदेव के सामने तो किसी भी पुरुष को भौतिक सुख आकर्षित नहीं कर सकते। अत: मुझे तो आप मेरा माँगा वर ही दीजिए।''

यहाँ कोई सोच सकता है कि नचिकेता के इस हठ से यमराज रुष्ट हुए होंगे। पर नहीं, उल्टे वे मन ही मन प्रसन्न हुए। वस्तुत: वे तो नचिकेता की परीक्षा ले रहे थे—कि नचिकेता क्या वास्तव में आत्मविद्या की जिज्ञासा रखता है? इसीलिए वे नचिकेता को तरह-तरह से प्रलोभित कर रहे थे। अन्तत: उन्होंने नचिकेता की दृढ़ता की प्रशंसा की। और फिर नचिकेता के तीसरे वर के रूप में प्राप्त प्रश्न का उत्तर देना प्रारम्भ किया...कि मृत्यु के बाद आत्मा की क्या स्थिति होती है?

सर्वप्रथम यम नचिकेता को 'श्रेय' और 'प्रेय' नामक मनुष्य को सुख देनेवाले दो साधनों में अन्तर बताते हैं कि श्रेय जहाँ उसे समस्त दुखों से छुड़ाकर परब्रह्म परमात्मा से मिलाता है वहाँ प्रेय उसे भौतिक सुखों की उपलब्धि कराता है। ये दोनों ही मनुष्य को अपनी ओर खींचते हैं किन्तु बुद्धिमान व्यक्ति श्रेय को ग्रहण करता है जबकि मूर्ख प्रेय की गिरफ्त में आ जाता है। यम आगे कहते हैं कि सम्पत्ति के मोह में पड़े मनुष्य अर्थात् प्रेय की साधना करनेवाले पुन:-पुन: मेरे पास आते हैं अर्थात् प्रेय चाहनेवालों का पुनर्जन्म होता है। भोग ही इच्छा करने वाले ये लोग नाना प्रकार की योनियों में भटकते हुए ठीक वैसे ही ठोकरें खाते हैं जैसे '**अन्धेन एवं नीयमाना: अन्धा:**'

अर्थात् अन्धे के द्वारा ले जाए जानेवाले अन्धे। दूसरे शब्दों में प्रेय अर्थात् भोग मनुष्य को मृत्यु के मार्ग पर ले जाते हैं।

किन्तु नचिकेता ने तो प्रेय के स्थान पर श्रेय को महत्त्व दिया है, उसने तो नानाविध स्वर्ग के सुखों को भी तुच्छ समझा है। वस्तुतः इसीलिए यम आगे नचिकेता की निर्मल निष्ठा की प्रशंसा करते हैं और यह भी कहते हैं कि 'त्वादृक् नो भूयान्नचिकेत:' अर्थात् 'नचिकेता! तुम्हारे समान प्रश्न करेवाले हमें फिर मिलते रहें।'

आगे नचिकेता यम से श्रेय द्वारा प्राप्त होनेवाले परब्रह्म की जिज्ञासा करता है। इस पर यम परब्रह्म का प्रतीक ॐ अक्षर बताते हैं, जिसे जानकर साधक '**यदिच्छति तस्य तत्**' अर्थात् जो चाहता है वह प्राप्त कर लेता है तथा जिसका अवलोकन कर वह '**ब्रह्मलोके महीयसी**' अर्थात् ब्रह्मलोक में महिमान्वित होता है। यह '**अणोरणीयाम्महतो महीयाम्**' अर्थात् लघु से लघु और महान से महान परमात्मा जीवात्मा के हृदय-रूप गुफा में स्थित रहता है। किन्तु हर कोई इसे नहीं देख सकता। इसे तो वही देख सकता है जो कामना-रहित और वीतशोक: अर्थात शोकरहित हो गया हो...जो समस्त बुरे आचरण से विरत हो गया हो, जो शान्त हो गया हो तथा जिसका हृदय, मन और इन्दियों सहित संयत हो गया हो।

इस स्थिति को प्राप्त करने के लिए यमराज कहते हैं कि मनुष्य अपने शरीर को रथ जाने और स्वयं को उसमें बैठकर चलनेवाला स्वामी। बुद्धि को वह रथ का सारथी समझे तथा मन को लगाम। इन्द्रियाँ इस रथ के घोड़े हैं जो इसे विषय रूपी भोगों की ओर ले जाना चाहते हैं। जो व्यक्ति विवेक बुद्धि रूपी सारथी के हाथों मन की लगाम थामता है उसकी इन्द्रियाँ उसके वेश में रहती हैं अन्यथा वे उसे दुष्ट घोड़े की भाँति गलत मार्ग में ले जाती हैं। ऐसा व्यक्ति बार-बार जन्म-मरण के चक्र में पड़ता है। इसके विपरीत बुद्धियुक्त-संयत-चित्त व्यक्ति उस परम-पद को प्राप्त करता है। '**यस्माद् भूयो न जायते**' अर्थात् जहाँ जाकर पुनः जन्म ग्रहण नहीं करना पड़ता। ऐसा व्यक्ति विष्णु के परमपद को प्राप्त करता है। यही उसकी परम अवधि और परम गति है। **सा काष्ठा सा परा गतिः।**

परमेश्वर से साक्षात्कार के लिए यम भी कहते हैं कि बुद्धिमान व्यक्ति वाक् को मन में, मन को बुद्धि में, बुद्धि को आत्मा मे तथा आत्मा को शान्त-स्वरूप परमात्मा में विलीन करे। किन्तु तत्वज्ञान के इस पथ पर चलना अत्यन्त कठिन है, उतना ही कठिन जितना तीक्ष्ण की गई तलवार की धार पर चलना! अत: यहाँ यम नचिकेता के साथ ही मनुष्य मात्र से कहते हैं, 'उठो, जागो और अपने से श्रेष्ठ पुरुषों के पास जाकर उस परब्रह्म परमेश्वर का ज्ञान प्राप्त करो!'

उत्तिष्ठ, जाग्रत, प्राप्य वरान्निबोधत।
क्षुरस्य धारा निशिता दुरत्या दुर्गं पथस्तत्कवयो वदन्ति।

आगे यम तलवार की धार पर चलने के समान कठिन इस मार्ग की व्यावहारिक

कठिनाइयों पर प्रकाश डालते हैं। सबसे पहली कठिनाई तो इन्द्रियों की है...जिन्हें विधाता ने बाह्योन्मुखी बनाया है...इसीलिए वे अन्त:स्थित परमात्मा को नहीं देख पातीं। कोई धीर व्यक्ति ही अमरपद को पाने की इच्छा से इन्हें बाहर से लौटाकर भीतर की ओर करता है और अन्तरात्मा में स्थित परमात्मा को देखता है। जब वह सबको जीवन प्रदान करनेवाले तथा सब पर शासन करनेवाले परमात्मा को अपने समीप पाता है तब वह किसी से '**न विजुगुप्सते**' अर्थात घृणा नहीं करता। परमात्मा एक ही है, वह व्यक्ति मृत्यु से मृत्यु को प्राप्त होता है अर्थात् वह बार-बार जन्म-मरण को प्राप्त होता है जो इस जगत में नानत्व देखता है। '**मृत्योः स मृत्युमाप्रोति यह इह नानैव पश्यति।**'

यम परमात्मा को सर्वशक्तिमान भी बताते हैं। वस्तुत: उसी की शक्ति से तो सारी शक्तियाँ काम कर रही हैं। उसी के प्रकाश से ये सूर्य, चन्द्र, तारागण और अग्नि प्रकाशित हो रहे हैं। '**तस्य मासा सर्व इदं विमाति।**' उसी के भय से अग्नि तपती है, उसके भय से सूर्य तपता है तथा उसी के भय से इन्द्र, वायु और मृत्यु भी प्रवृत्त होते हैं।

'भयादस्याग्नितपति भयात् तपति सूर्यः।
भयादिंद्रश्च वायुश्च मृत्यधविति पंचमः'

यम आगे कहते हैं कि इस परमेश्वर को मनुष्य ने यदि शरीर रहते हुए जान लिया तब तो ठीक है अन्यथा अनेक कल्पों तक मनुष्य नाना लोक और योनियों में शरीर धारण करने को विवश होता है। किन्तु इसे जानना अत्यन्त दुष्कर कार्य है। वस्तुत: इसे हम चर्म चक्षुओं से न हीं देख सकते। इसे तो वही देख सकता है जो निरन्तर प्रेमपूर्वक मन में उसका चिन्तन करता हो। जब मन के सहित पाँचों ज्ञानेद्रियाँ भली-भाँति स्थिर हो जाती हैं और बुद्धि भी किसी प्रकार की चेष्टा नहीं करती, उस स्थिति को 'पराम्गतिम्' कहते हैं, यही योग है। जब मनुष्य की समस्त कामनाएँ नष्ट हो जाती हैं तब मरणधर्मा मनुष्य अमर हो जाता है और यहाँ वह ब्रह्म का भली-भाँति अनुभव करता है। अब उसके हृदय की ग्रन्थियाँ पूर्णरूपेण खुल जाती हैं और वह मरणधर्मा, 'अमृतो भवति'। अंगुष्ठ मात्र परिणामवाला वह परमपुरुष सबका अन्तर्यामी, सबके हृदय में भली-भाँति प्रविष्ट है।

मनुष्य को प्रयत्न-पूर्वक प्रसाद-रहित होकर उसे शरीर से पृथक और विलक्षण देखना चाहिए। वही विशुद्ध अमृत-पद है।

इस तरह यम द्वारा यह जानकर कि मृत्यु के बाद श्रेयाकांक्षी अर्थात् परमात्मा को जानने की इच्छा रखनेवाला तथा इस हेतु प्रयत्न करनेवाला अमर हो जाता है, नचिकेता सन्तुष्ट होता है।

यम-नचिकेता का यह प्रसंग संवाद कठोपनिषद् में आया है। इस उपनिषद् के अन्तिम श्लोक में कहा गया है कि यमराज से उपरोक्त उपदेशों को श्रद्धापूर्वक सुनने

के बाद नचिकेता उनके द्वारा बतलाई गई सम्पूर्ण विद्या और योग-विधि को प्राप्त कर सब प्रकार के बन्धनों से मुक्त हो, सब प्रकार के विकारों से रहित हो, परब्रह्म परमेश्वर को प्राप्त हो गया। जो कोई इस अध्यात्म विद्या को नचिकेता की भाँति ठीक-ठाक जान लेता है और श्रद्धापूर्वक उसे धारण करता है, वह नचिकेता की भाँति जन्म-मृत्यु से मुक्त होकर परमात्मा को प्राप्त होता है।

(कादम्बिनी, दिसम्बर 1993 से साभार)

❑❑❑